廣州
期待伟大的街道
Guangzhou : Longing for its Great Streets

徐 晖 著 杨和平 摄影

16TH ASIAN GAMES
Guangzhou2010

献礼亚运
悦读广州

广东旅游出版社

图书在版编目（CIP）数据

广州期待伟大的街道 / 徐晖著.—广州：广东旅游出版社，2010.10
ISBN 978-7-80766-301-0

Ⅰ.①广…　Ⅱ.①徐…　Ⅲ.①城市道路—简介—广州市　Ⅳ.①
K926.51

中国版本图书馆CIP数据核字（2010）第195777号

广州
期待伟大的街道

Guangzhou：Longing for its Great Streets

出版策划　邓小夏　李永清　张文兰
责任编辑　蔡子凤　袁静琴
装帧设计　小　晓　江　波
封面题字　徐　续

出版发行　广东旅游出版社（广州市中山一路30号之一）
经　　销　全国新华书店
制　　作　卓风出版创意机构
印　　刷　深圳市富达泰包装印刷有限公司
规　　格　787毫米×1092毫米　1/16
印　　张　18
字　　数　290千字
版　　次　2010年10月第1版第1次印刷
书　　号　ISBN 978-7-80766-301-0
定　　价　49.80元

绿色亚运
环保阅读

我们承诺保护环境和负责任地使用自然资源。
我们不再使用来自原始森林的纸张印刷书籍。
这本书使用环境友好型纸张和环保油墨印制。
我们希望广大读者支持环保、支持绿色亚运。

街道是属于历史的，它的绵延空间都是或久远或新近的过去的遗存和以前的杰作；街道又是属于未来的，它的凝固景象定然要被无尽的前景所改变。而"当下的街道"是多么短暂，我们往往还没来得及细细观赏，那些街景即已成为历史。广州街道正是这样——作为历史的街道这里每个街角都留有岁月的印记，作为未来的街道这里每个景物都暗喻着未知的改变。置身于这南方都市流逝中的街道，我们注定要在历史与未来之间充分捕捉及感受当下，在当下的每一个瞬间永恒漫游。

目录/CONTENTS

序 罗京辉

　　举世瞩目的第16届亚洲运动会将于2010年11月在广州隆重举行。届时，来自亚洲各国的运动健儿和世界各地的游客云集广州。他们在运动竞技或观看比赛的同时，将与这座城市亲密接触，在这生活，在这工作，在这漫游……城市的大街小巷和酒楼食肆将充满他们的身影。这个时候，大概应该有一套关于这座城市的内容综合、角度多元而又具有城市文化色彩的精致读物，作为他们走进这个古老地方的入门钥匙，或者一份具有精神价值的纪念。这套读物力图让那些来往匆匆的读者感受到这座城市的内在精神与独特个性，当然这里面也一定贯穿着作者们对这城市的独特思考与深切情感。

　　最近陆续出版的《献礼亚运·悦读广州》系列丛书，正是这样一套恰逢其时的读物。这套丛书，与一般城市介绍和城市宣传的读物有所不同。你很难把它归类，仅仅把它作为旅游类或城市历史类，又或者文化笔记？城市建筑？好像都不太贴切。当中既有多角度观察及综合透视城市的读本，也有专门谈及城市街道等的角度独特的作品，还有对广州历史沿革的追溯与记录……读者将在这样多角度的阅读中，真切感受到广州的文化性格，你未必会完全同意这套丛书中关于城市建设的所有观点，但却会在阅读中逐步完成或者逐步接近对这座城市的认识。

广州是具有2200多年历史的文化名城，又是一个千年港市商都，一直以来都与世界有着广泛的联系。新中国成立60年来，特别是改革开放30年来，广州更是进入了城市复兴、跨越式发展的全新时代，城市综合实力迅速增强，有力地辐射华南和影响东南亚。这些，书中都有所述及。展望未来，广州还将建成面向世界、服务全国的国家中心城市和国际大都市。当然，这样一个城市，也希望得到全国各地和世界各国的进一步了解。广州并不把2010年亚运会看成是简单的体育比赛，而是希望借助大型综合性运动会对城市发展的促进效应，迈向国际化，提升城市竞争力和影响力。从这个角度出发，在2010年亚运会即将到来之际，我愿意推荐这套丛书，希望它在促进人们进一步了解广州方面，与其他已有的出版物一道，发挥有益的作用。

亚运在广州，让我们携手同游！

（罗京军，广州市委宣传部副部长、广州亚组委宣传部部长）

引子

记得儿时的街

——从城市生活最琐碎的片断开始

　　记忆中的许多印象是充满感情色彩的。泰康路在广州实在是一条很普通的街道，但在我的儿时记忆中，准确说直至今天它在我的心目中，都是一条很重要的独一无二的美丽街道。它附近纵横交错、密如蛛网的既喧闹又宁静的老街窄巷，就是我最初的世界。

　　那时奔跑于麻石小巷中，总觉得这巷道那么悠长，两边的房屋也是那么高大壮观，它们密集连续地排列着。至于泰康路，那更是一条有几处大转弯的楼房更好看、更有气势的大马路。

　　童年的同学伙伴就散布在这一带，我们彼此知道谁住在哪一条街、哪一条巷，住哪座楼的楼下或楼上甚至家中的陈设。这个迷梦般的儿时空间是可以闻到江岸气息的——泰康路、水母湾、木排头、沙洲巷、宜安里、素波巷、高第街、维新路、太平沙、长堤、海珠广场，以及稍远点的北京路、万福路、惠福路、中山五路、昌兴街……密集古旧、市声相闻的越秀老街区，那时于我来说就是一个有走不完的街道、不知哪里是边际尽头的庞大而又多少有点神秘的城。

　　大街小巷里有许多熟悉的面孔和看惯了的事物。家门对面是专做竹器制品的人家，一位通常身穿黑胶绸对襟衫的微胖的大姐，常年就在我家临街的窗户底下破竹削篾，编织竹具。她坐在自制的竹凳上，熟练敏捷地用长长的竹刀一节节破开臂膊粗的竹子，发出的声响就是我所熟悉的街道的声音，多么清脆，多么悦耳。沿街及附近沙洲巷还有不少这样的人家，所以这声音有时会形成有节奏的交响。种种熟悉的声音当中，当然还包括不时由远而近继而渐远的"磨铰剪铲刀"之类的广州街道叫卖声，以及从楼上传来的小提琴声。

　　高第街有著名的三多轩文具店和九同章绸缎店，但我去得更多的是高第街宜安里街口旁的一间连环图出租店，那是我喜欢的地方，租了书可以在那里看，也可以带回家，小店里总是挤满了人；维新路有多家鲜花店，记忆中的美亚花店最老牌，但我印象最深的却是靠近高第街口的白雪冰室，那里灯火明亮，分外引人；泰康路和回龙路的山货、竹木、藤具店铺成行成市，那里有不少竹木货品就是由水母湾这些内街制造供给的，靠近沙洲巷那里有家专卖粽叶的小店，老远就可以闻到粽叶的香味；最热闹的是木排头的市场，巷道两侧摆满了肉菜摊档，内侧是各类小型食杂店铺，除中午外总是熙熙攘攘。

在这样熟悉与热闹的街道环境中，除了要小心过马路之外，安全总是不成问题。在这个父母忙于生计继而自顾不下的年代，童年伙伴相约成行，但更多时候是海阔天空独来独往，走向更远的街：向东沿着大南路、文明路走向鲁迅纪念馆；向北沿着维新路、连新路走向中山纪念堂和越秀山；向南沿着海珠桥、江南大道走向基立村……唯独很少去西边，总觉得那里是个大迷宫。我们无惧遥远，当得知沿着解放北路一直往北可以走出这城市，在那里还可以抓到鱼虾时，我们终于长途跋涉到达了三元里。

街道有形形色色的场景，每日每时你总会看到些什么。街口儿位男女街坊踢毽子动态十足，偶有精彩演出往往会令路人驻足。不时过路的"爆米花"更是轰动，吸引如我般众多拥趸，随着一声爆响浓烟飘过，米花香溢满巷道，那位卖米花阿叔简直就是身怀绝技的英雄。这都是些精致小景。我记得某年国庆节的游行激动人心，那才是街道的大场景，春节的花街也是大场景。当然，街道上不时也会上演街坊对骂邻里争执的活剧。那个年代，我甚至在北京路聆听过慷慨激昂的街头辩论，在禺山市围观过两派大哥哥的严阵对峙。

还有许多其他印象：街中卖橄榄的阿婆口中总是念念有词、前巷修钟表的阿叔总是准时开铺；泰康路上的欧荣记、维新路尾的伍湛记；西横街是笔直的，高第街是漫长的……每条街道都有它的特定印记，每条小巷都有它的独特氛围，如此等等的街道影像，似觉清晰却又朦胧，就这样留在了记忆中……

直到有一天，跟随父母在粤北度过几年"五七"干校生活之后重回这街道时，才发现以前一直觉得那么悠长和那么宽阔壮观的街道，原来并不怎么长而且那么狭窄。特别是，这街道还显得那么残旧。现实的尺度与记忆中的尺度实在有很大距离。

尽管有点失落，但终究没有影响这些街道及街道上那些事物在我心目中的分量。尤为重要的是，渐渐地，我还从中读出了许多故事，发现了许多原来不觉的美。即使普通如泰康路，居然也是颇有来历的，这条大致呈

北京路与大南
路交会处

西南至东北走向略为弯曲的街道，明清时是广州城的南界，清末时城墙就在今沿街位置伸展，1919年市政当局拆除城墙建成了街道。泰康路邻近珠江，远近各地用船运来的竹藤棕草大都在这里上岸，因此街道建成后很快就成为山货、竹木、藤具的集中地，经销货品种类数以千计，远销四面八方及至南洋、欧美。弯弯的骑楼廊道下，也逐渐出现许多著名商号，泰康路成了远近闻名的山货竹器专业市场。还有，我特别观察到，这片纵横交错的街巷，散落着许多精致的传统建筑和西式小楼，它们陈旧却依然优雅地屹立着。多年之后重访，我还惊讶地发现，伴我度过童年岁月的那幢楼房，竟是相当精致，隐约透出建筑之美！这是过去的我毫不察觉的。楼高4层，漂亮的红砖构成了充满细节的立面，灰白色水磨石米的梁和柱使这立面具有丰富线条和坚硬质感，其中对称而立的仿叠石方形半柱还带有垂直向上的挺立动势。西边转角处一个造型考究的拱形门，则显示了建筑的某种精神静穆。说不清有多少人在这里居住过，但没有人知道是谁建造了它。直至不久前人们才发现，原来这是20世纪初美洲同盟会的广州会馆，用于接待来往广州的美洲支部会员。如今这楼房的外墙已略显斑驳甚至有些剥落，但它依然美，依然屹立着作为一个街景，依然和静静的水母湾以及喧闹的泰康路一起继续着它的街道生活。

城市总是并且理所当然是不断变化发展的。20世纪80年代以来，广州这座曾经多么恬淡宁静、古风犹存的南方港市，迎来了一次持续至今的城市复兴及跨越式发展的城市嬗变，力量迅速增强，有力辐射华南和影响东南亚，并将迈向国家中心城市和国际化大都市。而作为城市最重要构成的街道，当然也发生了极大的变化。这座日新月异的城市，一些全新的气势恢宏的街道出现了，一些古旧的街道被裁弯拓宽完全改变了面貌，一些街道被贯通整合得以更新，另有一些街道则无奈地衰落甚至消逝了。随着城市的扩展，原来仅数十平方公里范围的街道网络，被大约800平方公里建成区的总里程达数千公里的庞大街道体系所取代。街道的形式也从平面导向空间立体，天桥、隧道、高架路、快速通道等成为新的构成，街道的概念也变得复杂。与此同时，也有不少历史传统街道走向异化，蜕变为最简单的功能性街道，有些则在旧城改造中变得面目全非，行将失去内在的精神。我们看到的街道景观既激动人心又令人沮丧。广州街道的演变某种意义上就是广州城市气质演变和城市社会发展的一个缩影。

当本书写作时，广州为迎接2010年亚运会正在对城中街道进行史上前所未有的大整修，人们形象地称其为"穿衣戴帽"，有些街区已经接近完工。这是一个引发热烈争议的城市美化工程，这个工程通过强化"城市设计"、整修街道与建筑、增加公共艺术装饰等做法，重塑及创造城市空间的形象与秩序，提高城市视觉品质，改善城市人居环境。这令人联想到17~18世纪欧美以及20世纪初期美国的城市美化运动。[①]一如当时那些情形，尽管存在许多不足并备受批评，但整个城市焕然一新的面貌已在朦胧中初现轮廓，它令市民得益并有助于保持城市的发展趋势。而且它意味着这个城市在快速发展的同时，已经注意到了城市街道这类似乎无关宏旨其实至关重要的所谓"细节"问题。这是21世纪第一个十年行将结束时广州街道经历的一次仓促却具有深远意义的新变迁——空间与形象的大改写。这与其说是出于具体的某个需要，不如说是城市规律之使然，它关乎生活、愉悦、形象与秩序，以及城市无形的力量。

如今的问题是，这次对街道的高度关注及全面整修，是否意味着街道的重要性已经被真正意识到？是否意味着广州的街道由此将必然变得更好，其中有一些更是必定会变得优秀？这似乎是广州街道思考的一个契机：一个历史的和高速发展了的广州，她的街道到底应该呈现怎样一种面貌，它们何以成为一座城市的街道？

在每天都要反复行走、紧密接触的街道上考究街道的定义似乎有点多余，但城市学家还是提醒我们留意城市的街道和乡村的道路的区别：城市的街道是重要的路，是"街穿过两列房屋和店铺之间"，是两列相对的建筑之间闭合的三维的表面。在城市，我们感觉良好的街道大体都符合这样的特征。以前欧洲的城市理论家以剧场背景的角度描绘街道，认为任何类型的街道无非呈现为"庄严的"、"欢快的"和"激情的"三种街景，后来阿尔伯特等人在分析中将前两种列为城市中的或市中心的街道。[②]庄严的街道古典而又辉煌，适宜社会事务和公共典礼；欢快的街道市民化生活化，喧闹而又祥和，适宜日常生活。这些街道两侧都布满建筑物，具有闭

① 参见仇保兴著《追求繁荣与舒适——转型期间城市规划、建设与管理的若干策略》，中国建筑工业出版社2002年5月第1版P.275~P.280

② 见[英]克利夫·芒福汀著，张永刚、陆卫东译《街道与广场》（第二版），中国建筑工业出版社2004年6月第1版P.137~P.139

合的形式。激情的街景是英国式小镇街道的普遍形式，两边开敞，远近有山水树木，它是郊区化生活方式的初始动力，霍华德的"花园城市"就是它的现代美学诠释。这些分析不断发展演变，影响持续至今。当代主流的城市理论不断强调街道的本质和它的重要性。那位著名的《美国大城市的死与生》的作者简·雅各布斯有一段关于街道功能及街道重要性的著名的话：街道及其人行道是"城市中的主要公共区域，是一个城市最重要的器官……如果一个城市的街道看上去很有意思，那这个城市也会显得很有意思；如果一个城市的街道看上去很单调乏味，那么这个城市也会非常单调乏味"。[3] 而且，在她看来，不安全的街道绝对不是任何最低意义上的好街道。所有这些，说不定正是今日广州街道的设计者、建造者、使用者们或多或少有所忽略的。

我们回忆儿时的或旧日的街道，并不是因为这些某种意义上已经消逝的街道有多么优秀，因而幻想它静止不动留存至今。恰好相反，我们在深感这些街道有多好的同时，也看到了它的许多缺憾。而且，最有历史感的街道也是处在变化中的，唯其变化可以更好地传达城市的历史感和丰富我们的时间概念，尤其是能够让作为个体的我们，在变迁的某种失落焦虑中看到自己的来龙去脉。我们回忆儿时的或旧日的街道，最重要的是希望提示我们对街道的认知回归本质，即街道作为城市的自然构成元素，它不仅仅是用于交通的通道，它首先是提供人们生活及交往的公共空间；街道同时又是城市的社会构成要素，它是物质的又是精神的，我们的街道回忆未必确切，但它充满情感如此深沉，街道是精神的容器。由此还希望进一步引发关注，作为公共空间和精神容器的街道，同时应该是高度安全、尺度宜人和距离亲切的，一如我们记忆中的儿时的街道。这些街道或许笔直壮阔或许弯曲狭窄，但它能够让人们活动于其中深感亲切且轻松自如；这些街道或许庞杂或许"庸俗"，但它能够让人们在熟悉的人与事当中感到安全而且丰富，很容易并且总愿意走近它。

对街道回忆的美好感觉其实透露了我们对街道的期待。那些充满感情色彩的未必准确的印象，其实就是我们对好的街道朦胧初始但却贴切准确的愿景。在这基础上我们更接近于街道的真实本质。

③ 参见 [加] 简·雅各布斯著、金衡山译《美国大城市的死与生》，译林出版社2006年8月第2版P.25~P.26

　　街道有我们的记忆与情感，街道有以往留存下来的事物，街道提供我们交往及活动的场所，显然街道就是我们生活的空间——最普通最琐碎的日常生活的空间——并且时刻提醒我们生活总在变动。从这个本质出发，我们最终可以找到理想的街道。如果一条街道，它能够有助于市民邻里关系的形成，环境上又舒适安全，便于大众步行及参与互动，而且具有老房子与新建筑有机混合的充满生活气息的多样性，以及作为地域或文化某种类型的典范，因而能够成为我们心灵的居所，那么这条街道就是优秀的，甚至堪称伟大。

　　在广州，我们可以期待这样一条伟大的街道吗？

海珠桥印象。

街道远处的
景色（摄影/
徐晖）

第一篇

何为伟大的街道

无论你是本地居民或是匆匆过客，在这座城市中，总有一些街道会给你稍不一般的印象：它令你愉悦，你甚至觉得它真不错，因为某个场所、某个景物、某种氛围，或者仅仅因为熟悉，又或者因为它触发了你封存已久的某个记忆，让你重拾往事……

但是，说到"伟大的街道"，则显然是涵意更要深广得多的另一个概念。伟大的街道大概是指那些具有非常优秀的特征与品质、能够令你一置身其中就深受感动、由衷赞叹的街道。这只是最原则和最一般的表述。如果我们认为具有悠久历史的如今高度发展的广州应该而且能够产生物质上和精神上都堪称伟大的街道，那么我们首先应该对城市街道的本质有准确的认识，并且了解构成优秀街道的各个要件，以及这些要件之间的关联，从而就应该如何行动得出更接近客观真实的分析与判断。

相遇有期：街道作为城市生活最重要的公共空间

广州的街道异彩纷呈，各具特色。有些街道如此古老，譬如中山路和北京路，它们作为城市街道的演变，伴随了这座城市的千年历程；有些街道如此年轻，譬如天河路和康王路，它们轮廓初现却已气势恢宏，标示着城市的潮流趋向；有些街道则相当传统，上下九路及第十甫路会令你感到那是城市昨天的街道而且只是属于广州的；有些街道又相当洋气，沙面大街和东山新河浦流淌着异国情调，令你充满遐想。当然，有些街道也真够奇特：广州起义路弯弯曲曲，老房屋在大叶榕树斑驳的树阴掩映下，形成一种幽微晦明的独特场所氛围，宁静是它的语言；一德路干果海味市场的喧闹，与沿街陈旧却精致的建筑以及石室圣心教堂的氛围，彼此多么冲突又多么协调，纯然一幅混杂着烟火味和精神信仰气息的世俗生活图景。

但是，广州的街道又始终被许多恼人的问题所困扰。譬如交通问题、环境问题、卫生问题，以及如何保护与改造的问题，如此等等令人心烦意乱。为了确保交通，城市不惜投放大量宝贵用地，将新区的街道修得越来越宽阔，车道越来越多。老城区的街道则不断被拓宽改造，甚至全路段或长路段封闭分隔实行交通管制，或者加建高架路和人行天桥为汽车让出快速通道。街道的交通功能不断被放大。但所有这些措施好像都未能够扭转困局，城市交通堵塞状况依然如故，甚至越演越烈。又如，老城区街道两侧大片的残旧房屋，拆还是不拆，如何改造实在难以定夺。如果拆了，街道的历史风貌或会被破坏；如果不拆，那里居民的生活条件实在落后，老房屋也实在残旧，其中绝大多数作为地域建筑并不典型，不具保留价值。城市为此深感困扰左右为难。而且，即使在这样的老城区，当面对

右页上图：街道作为公共生活的空间。

右页下图：夜色下的广州街道。（摄影/徐晖）

交通的进一步需要时，最简单奏效的做法时常也是将街道封闭分隔然后再建天桥。场所氛围恕难顾及，设施更是粗陋就简了。这既是街道保护与改造和街道环境的问题，也是交通的问题。

情况或者与城市快速发展而配套未能及时跟上有关，又或者与设施不足、管理滞后及其他原因有关。城市在这方面深有探究，存在着很多分析。但是从根本上说，街道的困扰通常来自那些更为关键的主观因素，其中包括对街道本质的认识模糊不清：人们有意或无意地将街道的交通功能看作就是街道本身，以为交通就是街道的全部，街道是为了交通而存在的。他们忽略了街道首先是市民生活的空间，是城市最重要的公共活动区域这样一个街道最本质的属性与功能。这就导致了极端的认识与现实——街道即交通，交通即街道。

那些成功街道的事实告诉我们，街道的规划与改造必须回归街道的本质，回到城市街区形式与结构以及调节舒适度的本原的常识中。城市街道最初是因为市民生活交往而出现，如今也是因为市民生活交往的需要而发展演变，它是市民户外活动的一种最基本的场所。这场所首先是为步行与驻留而设的，具有场所精神，而且表达一定的意象。人们在街道上活动，是因为具体生活目的和精神生活愉悦的需要。

毋庸置疑，城市的街道是连接两列相邻建筑的线性的公共生活空间，它被赋予了种种功能：街道是提供人们交往与活动的一个生活舞台，在其中既可展现自己又能欣赏别人的展现，既注视别人又被别人注视，具有交往活动及社会剧场功能；街道提供人们具有归属感和线性空间限定的"围合"，漫步其中通常总与沿街方向的相邻建筑之间的某个或多个地点关联，具有线性运动与安全遮蔽的功能；街道容纳文化、教育、公共事业、社会事务等城市要素，是其相应活动的当然之所，具有公共活动和社会参与功能；街道容纳商品交换、商业服务及相应的公共商业展示，甚至一些街道本身就是为商业而设的，从开始时就是一个"街市"，具有商业功能；街道容纳越来越大量的机动交通，它在行人与汽车之间的合理平衡不断被打破，又在两者之间的矛盾中不断取得新的平衡，具有交通功能。如此等等。然而最后也几乎最重要的是，如同城市是记忆的容器，作为城市最基本的自然构成元素的街道，它还具有贮藏城市及街道自身记忆的容器功能。这一功能就是要以它的记忆所贮存、传播和创造的文化来关怀人、陶冶人，提升人的生活。

显然，在城市生活中，街道扮演了多种角色。意大利式的构思强调街道的美学，认为街道两旁必须排满建筑，形成协调的闭合空间，突出其视觉功能。美国城市史学家刘易斯·芒福德更强调街道的剧场效应，认为这一功能比起其他单纯的功能更重要得多，人们在这功能之下甚至会被训练得更公正、更文明。加拿大城市理论家简·雅各布斯生动描述的"街道眼"和"街道芭蕾"与此颇有共通，但雅各布斯在对街道进行具体分析时，更着重于它的安全、交往和青少年教化的功能。然而，无论侧重或强调哪些方面，所有这些对街道功能的分析，都建立在对街道本质准确把握的基础上。街道无论任何时候都既是通道又是场所，而且首先作为场所——生活的具有某种象征意义的场所。城市街道理论认为，那种将街道仅仅理解为交通工具的通道的观点，实际上是贬低了街道，完全取消了街道深刻丰富的意义。

将街道仅仅或主要看成是交通工具的通道，是目前我们城市的街道存在的问题当中至为严重的谬误。因此稍微探究一下这个问题是很有必要的。既是通道又是场所，这是街道的历史原形和本质特征，也是现代城市那些优秀街道的现实。但当今许多城市在伴随城市快速发展而迅速膨胀的交通压力面前，时常无限地放大街道作为通道的功能，而它作为场所的最本质的功能却被大大地忽略了，由此使街道异化。那些日益引起我们关注的街道理论强调街道作为公共开放空间的构架的重要性，认为把街道看成交通的通道是非常自然的，但它作为城市生活场所的本质功能不应该被忽视。在城市管理中，把某一条街道定义为交通要道与把它设计成"通道"是具有本质区别的两回事。街道不是那种单纯技术功能的东西。更有理论认为，人类选择并创造街道，是因为它是象征着人类存在的一个更特定的空间结构。街道意味着人们在生活中向着目标方向进发，并将进入想象中的环境。

在现代都市，近数十年来人们的出行模式发生了持续的很大的变

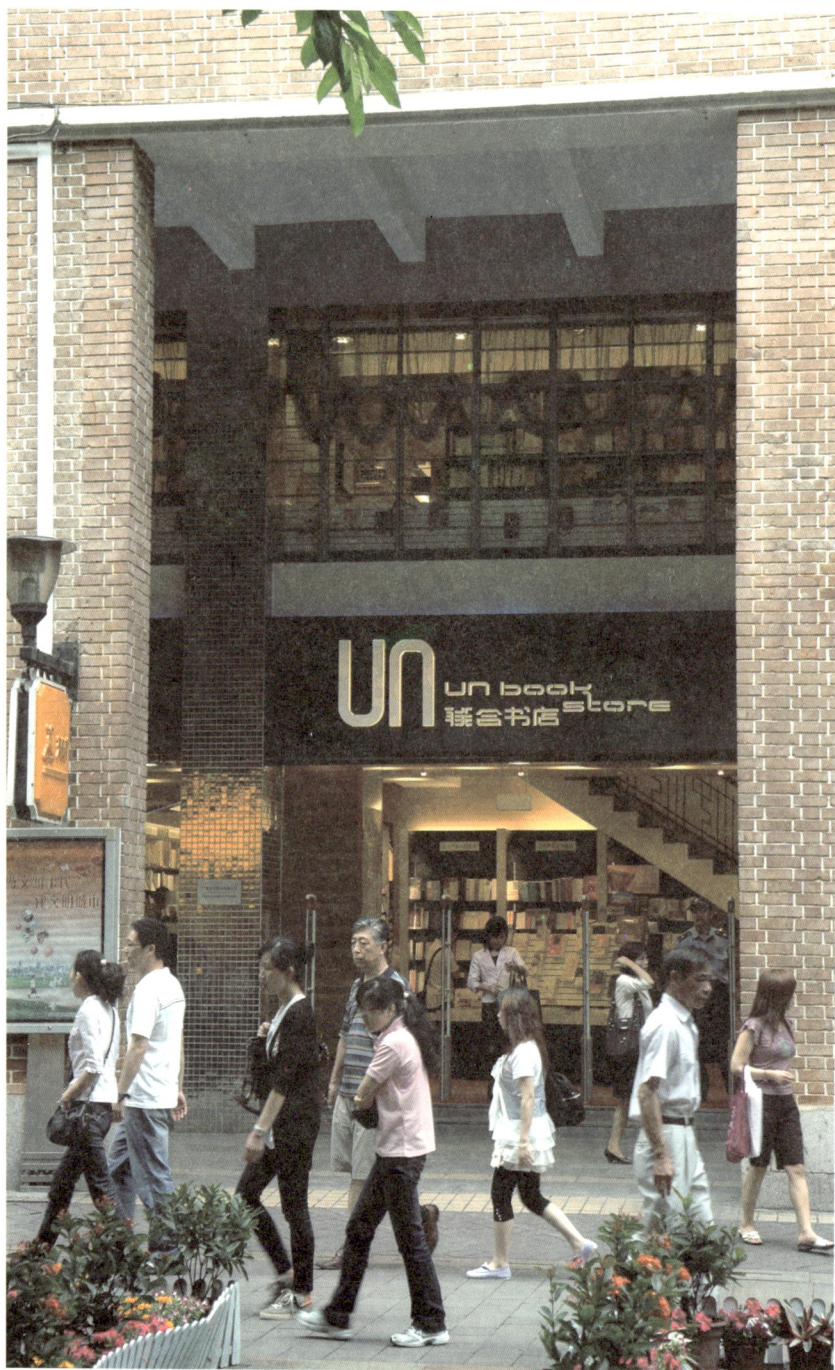

联合书店的灯光是诱人的

化，社会车辆和私家车构成了很大的交通需求与压力。毫无疑问，城市街道的规划设计必须正视和具体解决这些问题。假设未来20年间这些社会车辆和私家车仍然是城市交通的重要工具，街道规划设计所采取的措施，其力度必须更大。但是这种情况丝毫不意味着街道的本质发生了变化，街道作为公共生活场所的功能将消失。恰好是或同样重要的是，城市必须意识到街道和人的生活由于机动交通的膨胀而将面临着更加严重的破坏，因此必须致力于消减过度的交通对街道造成的负面影响，努力将其对人们生活环境的破坏降到最低点。正如简·雅各布斯在《美国大城市的死与生》一书所分析的那样，城市为汽车及其设施提供了一席之地，但城市自己却被分割肢解了。那些大量占地的壮阔的通道使城区变得东一块西一块，互不关联空空荡荡，苦煞了街道的步行者。不过她认为这些问题不在于汽车，汽车在本质上是城市的同盟，问题在于我们的城市交通策略和车辆使用及街道管理的效率低下。在现实的城市中，行人与汽车总是充满矛盾的，这实质上是城市及街道与汽车的矛盾。这两方必有其一要作出让步。我们要作出的选择是，或者城市及街道被汽车蚕食，或者城市及街道对汽车进行限制。[1]许多城市学者还深入分析了近数十年来欧美市市由于机动交通过度膨胀而对城市造成的破坏，认为流行的最严重的破坏做法就是在市中心区建设有多条车道的快速通道特别是高架快速路。像洛杉矶和波士顿这样的城市就曾经因为此类建设性的破坏而遭受过大规模的拆毁，城市街区失去了许多令市民引以为豪的更可贵的东西，那些高超的技术技巧和实用设计造成了成堆的社会问题，也造成了城市及街道的文化空白；那些巨大的苜蓿叶式立体交叉和多车道的快速路及停车场，几乎完全吞噬了城市的活组织。[2]以这些分析观照包括广州在内的当今许多快速发展的城市，你会觉得多么准确贴切，仿佛是针对现今而言的。

在当代城市的现实中，汽车对城市的蚕食仍在进行，并且已经从一点点的"啃"逐渐加density至大面积的"吞"：为了疏解汽车造成的堵塞，街道或者被全面拓宽，或者被裁弯取直；为了让汽车行驶得更快，宽阔的街道或者被改成单行线，或者在街道中间设置分隔栏实行封闭管理；为了让急剧增多的汽车得以停放，城中大量的土地被辟为停车场；为了让进入城

[1] 参见[加]简·雅各布斯著、金衡山译《美国大城市的死与生》，译林出版社2006年8月第2版P.309～P.349

[2] 参见[美]刘易斯·芒福德著《城市发展史——起源、演变和前景》，中国建筑工业出版社2005年2月第1版P.338～P.339之间的图说3"47城市的破坏"、"48吞食土地"

区的交通车流如同城外高速公路和国道那样畅行无阻，工程师们不断兴建更多的多车道高架快速路系统和巨大的立体交通枢纽。在这种情况下，街道作为公共生活的空间当然备受破坏，乃至退化至只剩下交通功能。这些早已被城市学者们描述过并且被许多先进城市引以为教训的情形，至今还在许多后发城市重复着。

幸而，在尚未至于不可逆转的程度上，人们终于从城市的创伤和街道空间恶化的无奈中开始意识到必须作出改变。许多重大的事件为这种改变提供了契机，2010年亚运会也就成为广州对城市进行全面整治的强大助推器与动力源。这座城市以宜居的理念加强市科学规划，强调城市形态中的历史价值，控制对城市土地的过度开发与蚕食。就街道而言，则强调传统格局和历史风貌的协调保护，重视街道环境建设，重建场所及其精神，尽可能使其变得舒适美丽，并使之具有公共生活的社区感。人们还希望平衡街道的交通功能，采取措施对汽车进行限制。

广州为迎接2010年亚运会而对全城主要街道所进行的全面整修，大致可以看成是这座城市对街道的重要性以及对街道作为城市生活最基本公共空间这个本质功能的一次强烈意识。而酝酿中的对城市交通的调节和对汽车的限制，作为这一意识之下合乎逻辑的自然选择，是否会如期而至呢？

无论如何，对急剧增多的汽车的限制，可以理解为是街道（某种意义上是城市）向自身本质的一种回归。显然，我们不能够把街道面临的问题全都归咎于汽车，这样汽车很容易成为我们管理不善效率低下的代罪品。而且对汽车的限制也不应该是简单粗暴的。首先，限制主要针对的是社会车辆和私家车，为达到限制的目的进而解决交通拥堵问题，公共交通系统反倒是要强化的；其次，限制不应以突变的方式而应以常态的方式渐次而行，尤其重要的是，那不是城市及街道直接对汽车进行机械的限制，而是通过对汽车交通的对应系统譬如步行系统、地铁系统、行人服务设施等的优先考虑及提供更大支持来达到对汽车的限制；再就是促发街道的多样性，提升街道的活力，以此达到限制的目的。此外还包括：优化对车辆的选择，限制载客的社会车辆行驶，促使其乘客转用公共交通系统；减少城区内的大型停车场，以减少街道对汽车交通的吸引力，让人们回到这样一个常识：在中心城区的街道上汽车本来就不应该是很多的。另外，强化公共交通系统也并不意味着公共交通车辆的增加，通过加强管理和资源整合可以提高运输效率。

通过生发街道的多样性来限制汽车，这是以往国外许多城市的成功做法之一。当然还有其他方法。简·雅各布斯提到过耶鲁大学所在的美国康涅狄格州纽黑文市曾经采取的有效措施，那就是让街道其他使用的程度变得更高，并且禁止汽车在这里停泊或暂停，还将交通信号系统复杂化，让社会车辆觉得没法在这里行驶，以此逐渐改变行车的习惯进而达到限制汽车的目的。一些街道规划设计还明确提出了新的街道设计准则。譬如在那些居住的街道，一个重要的准则就是要"为街道居民提供便利的通道，但不鼓励交通；允许交通通行，但不为其制造便捷措施"。①广州老城区的许多街道就是这种有大量居民的街道，因此这种街道设计准则完全可供我们借鉴。

探究如何限制汽车等交通问题只是我们思考街道时不可避免的话题，最终是为了确保街道免遭侵害，使其能够继续作为城市最重要最基本的公共空间，见证我们的生活及其意义。

20世纪50年代，作家秦牧漫步于广州人民南路的花市，他在春节前夕的街道上看到人人穿上节日服装，头面一新，男人都理了发，女人都修整了辫髻还戴上了花饰，人们或者把花树举在头上，或者把盆花托在肩上。街道的生活诗意触动了作家的情怀，他居然沿街数起花的种类来，计算出约有一百种上下。这位善于观察的街道漫游者，细致地感受到了街道的意蕴。

多年以前，我在解放北路与东风路交会的街头某处，访问过一位常年在这里卖报纸的中年男子。一直以来，每当路过此处，总见他风雨无改准时出现，那微弯着的壮实的背影，特别是那短促有力、雄浑中略带沙哑的卖报声引起了我的注意。我想，在这日复一日准时从街道人潮中飘出的叫卖声背后，到底有着怎样的故事呢？他告诉我，他在街上卖了十多年报，养活了一家人。每天骑着自行车到报社去拿报纸，路线从来不变，有时遇上风雨，他宁愿脱下衣服用来盖着报纸。他说这行当也有许多乐趣，

①参见[美]迈克尔·索斯沃斯 伊万·索本 著、约瑟夫、李凌虹译《街道与城镇的形成》，中国建筑工业出版社2006年9月第1版P.142

当报纸全部卖完时，会有一种轻松愉快的感觉；当把大家关心的新闻送到顾客手中时，心中也会有一种说不出的满足感。

不久前，我在天河路宏城广场前的街道上听到过一位流浪歌手在夜色下的演出。歌手身材高挑，横挎着电吉他，那歌声像是穿透了街道上的迷蒙夜空。欣赏者很多，三三两两或围坐或站立在周围。连续唱了多首，中间还穿插了一些动情的话语，大意是他来自北方，喜欢带着歌声到处流浪，将会如此直到疲惫的时候，他相信在这陌生的城市一定也会有他的知音。路人报以热烈的掌声。一位小伙子突然问可不可以客串，歌手相当高兴，于是把麦克风给了他。小伙子居然唱得不赖，后来两人干脆合唱了。当然他们是边唱边聊。合唱之后，这两位彼此陌生的街中人互道再见，小伙子很快消失在街道若明若暗的灯影中，而流浪歌手则继续着他的街中演唱。

街上的情景不断演变。譬如前述那种简单的街头卖报点早已被设计精致、五光十色的报刊亭取代了。我在惠福东路街头观察过这种报刊亭。那里没有叫卖声，但档主似乎也挺忙碌，只见他磨磨蹭蹭不断整理着摊档上起码不下百种的报纸和杂志，搬上搬下有时还气喘吁吁。在一旁与他闲聊的朋

"我的生活在街角"

友不时帮点小忙。当然，在惠福东路这样静谧而又跃动的街道上，我还看到了更多：闪烁微明的灯光树影下有许多门面精致的食店，包括经营粤菜、湘菜、川菜、越南菜、泰国菜等的餐厅以及西餐馆、茶餐厅、咖啡馆等，许多食店门前还挤满了正在轮候席位的食客；两位男孩子在人行道上向路人派发广告单张，显得格外忙碌；装饰考究的服装专卖店门前，一位年轻女店员不时击掌吆喝，殷勤邀请路人进店选购；几位中年男子从一辆泊于街边的货车上卸下饼食糕点，搬到沿街光明广场的店铺中。忽然身后传来一声招呼："嘿！上哪去？"原来有人在街上遇到熟人，他们靠在路旁交谈起来。在他们身边有许多路人擦肩而过，也有一些路人在悠然自得地东张西望，甚至有人在自家店前下起了象棋，吸引两三个路人在观看⋯⋯

　　这就是我们城市的街道——流动的生活的街道。在城市的街道上，生活总在演变，相遇总是有期，说不定什么时候我们也会越过涌动的人潮，在城中某个街角匆匆遇上。

何为伟大的街道——标准与条件

定义一条伟大的街道相当困难。对它的理解会因人而异并且可以有很多角度。首先何为伟大的街道？它的标准与条件是什么？这可能已是见仁见智了。我们或许见过一些街道具有令人难以置信之美，遗憾的是我们平时漫步其中的大多数街道却经常是令人精神沮丧的。更何况美丽的街道也并不就等同于伟大的街道。道理上说，卓越的气象感人的超乎寻常的街道，或者说在品质上和特点上都非常优秀的街道，应当是无论置于何种视野背景中都能够获得普遍认可的。然而恰好是在这些最显著的感受方面人们时常也会有不同的看法。

但是，既然我们一心要弄明白或者说要探寻街道的真正意义，那我们就必须面对这些挑战。我始终相信，在那些有形的、可以观察的街道上，无论是从美学角度、历史意义或是物理空间的层面来看，伟大的街道最终都是可以获得共识并且都是有规律可循的。伟大街道的理型就藏在我们的"记忆"深处。

从生活出发：伟大街道的基本标准

伟大的街道当然是那些好的街道当中最出类拔萃的，它集中体现了这些街道所以成为好的街道的种种品质与特征并使之更加突出，由此也构成了以下可供分析的伟大街道的判断标准。[①]

一、适宜生活与交往，有助于亲密或良好关系的形成。无论街道在实际运行中被赋予或被具体定义为何种功能，发挥多少种作用，它都必须具有生活的属性，有足够的生活设施，并有良好的生活氛围。它的形式与结

① 此处所列若干标准，是在综合几位作者观点基础上形成，主要包括[美]阿兰·B·雅各布斯、[英]克利夫·芒福汀、[加]简·雅各布斯，以及[美]迈克尔·索斯沃斯、伊万·索本-约瑟夫等。

构及场所必须使居民易于且乐意来到街上并相互见面，而邻近社区的居民及游客也易于且愿意到达这里，能够轻松自如地看到许多人，而别人也同样看到自己。街道上要有丰富的东西可供观览与使用，其中包括工作、生活、娱乐的种种用途，以及满足百无聊赖的人们在街上消磨时光，乃至漫无目标的游客充满好奇心的街道游走。街道上还应该有方便人们聚在一起的场所与环境，一如天河路边的露天咖啡座、上下九广场旁边的露天茶座和北京路沿街的小长凳。当然，更多的交往时常发生在不太引人注意的地方，人们在报摊前议论昨晚的篮球赛，在超级市场旁讨论今日的菜价，在便利店里向店员提一个好建议，在专卖店前与店主交换对红酒的感受，聆听街坊关于家事的一些倾诉，关于子女的一些炫耀，对股市大幅下跌深表失望，对某人的健身之道大加赞赏。以这种简·雅各布斯式的细致观察，[①]我们还可以看到在布满棚架的街道上，有人对"穿衣戴帽"工程大加批评，另一些人则发表着与此截然相反的观点。

　　人是街道存在的前提。正如城市是人的城市，街道也是人的街道。完全没有人以及人的生活活动的街道是不可想象的。人以及人的生活活动减少，可能是街道走向萧条衰败的象征。因此一条优秀的街道首先凸显的就是人以及人的生活活动。只有街道上的人建立起了亲密或良好的关系，街道上有足够多的人和足够多的生活活动，充满了生活气息，这样的街道才是生机勃勃的，因而才可以谈论优秀甚至伟大。

　　二、具有安全、舒适的物理环境。伟大的街道应该为行人提供实效上的和心理上的安全庇护，使其不会受到也不必担心机动车辆、高空坠物、路障羁绊以及野蛮与恐怖行为等的威胁与侵扰；伟大的街道应该为行人提供更多的环境遮蔽，使其在盛夏时尽可能免遭烈日曝晒而得到更多的清凉，冬天时尽可能免受寒风侵袭并感到暖意宜人，下雨时能够得到更多遮蔽使行走从容自如。有些街道甚至能够让行人仅仅借助街道的弯曲走向就能躲避冬季的寒风或者获得夏日的凉意，街道一些建筑物的位置、坐向、造型或高度会令风速与风向发生改变，使环境更舒适。

　　观察那些好的街道，这种安全与舒适无论是本街道居民或是陌生人均可共享的。就安全而言，他们共同参与了一个由无数行人驻足的目光所

① 参见[加]简·雅各布斯著、金衡山译《美国大城市的死与生》，译林出版社2006年8月第2版P.27～P.78

构成的安全监视系统，这个系统在最高的程度上保障了街道的安全与自由。这是成功的街道所固有的神奇而复杂的秩序，在这一秩序之下，无论本街道居民或是陌生人都因安全而感到自由舒适，可以身无挂碍地漫步或活动于街道上。这种安全显然与街道使用的多样性密切相关。使用程度的增大令街道有更多的行人，街道上的活动更频繁，这就为基本的安全提供了保证，譬如像北京路和上下九路这样喧闹的街道，或者像小北路和仓边路这样虽不怎么喧闹但却有足够人流的街道，公开的野蛮与恐怖行为相对是要少很多的。就舒适而言，优秀的城市街道设计师深知当地的气候情况，能够调动所有街道要素为市民和游客构建一个舒适度最高的环境。其中包括借助当地的特色建筑，这些特色建筑在长期的城市演变中被证实是适应当地需要的。譬如像人民南路、恩宁路、龙津路和大德路等许多的骑楼廊道，比起那些没有盖顶的人行道在遮挡烈日和风雨方面显然更有效，在广州的气候条件下，人们行走于此总是倍感舒适。

　　三、**便于大众步行及参与互动**。伟大的街道应该是城中最好的步行及散步的场所，同时提供人们参与活动的良好环境。它有宽度适宜的合乎优质标准的人行道，以及主要服务于步行者的交通信号系统等相应设施；有可供步行者中途驻足、歇息的设施或场所，以及可以让人停下来喝点什

街道提供人
们参与活动
的良好环境

么和买点小东西的地方；还有令步行者感到愉悦的街景及环境氛围，机动车辆的交通为此要作出让步，不能干扰这种氛围。与此同时，它还必须方便人们"参与"和"活动"。街道之所以成为一种艺术，最大的特点在于人的互动，特别是沿街的一些场所或节点，更应该方便人们某种形式与规模的聚合，形成优秀街道特有的基本要素。

无论人们创造了何种交通工具，步行始终是城市中人与街道相互关系的最本质和最基本的状态。这种状态使人们与街道保持了一种先天的本质的亲近，因而能够从街道获得具有本原意义的愉悦。在步行中，人们能以最近的距离真切地触摸与感受街道的脉动、街道的氛围、街道的风景、街道的情绪、街道的趣味。应该说，在城市街道上，我们需要快速的交通工具，但我们更需要以步行来保持我们对街道进而对城市的亲近关系和准确记忆。因此，伟大的街道强调人与街道相互关系的本原状态——步行，当然散步也是步行的一种。

四、不同年代和各式各样的建筑有机混合，体现物质环境的多样性，具有历史感与场所精神。 伟大的街道不仅要有用途上而且要有建筑上的多样性，它两侧排列着的建于不同年代的老房子与新建筑，呈现一种内

街道为行人提供实效的和心理上的安全庇护

在关联的有机混合。这些建筑隐然向我们透露着历史，让我们意识到街道是作为一种时间的存在物。街道上由建筑构成的场所，与城市及街道某段特定历史或者生活进程相联系，呈现可读的意象与精神。

好的街道绝不是一成不变的，它在那些各式各样有机混合的建筑中不断留下历史的印记。这些老房子与新建筑，以今天比照及呈现过去，又以过去凸显及褒扬未来，最终表达的是城市的历史演变，丰富我们关于时间的概念，它暗喻我们始终处在历史与未来之间。我们珍爱旧的建筑，而那些曾经全新的建筑最终也会变得又旧又老，这是街道无可避免的能动过程。城市理论家凯文·林奇说：我们保护那些旧的东西，并不是"像唐吉诃德那样企图阻止变化，而是为了更好地传达某种历史感。这因而暗含了对变化的褒赞，以及对伴随历史的价值观冲突的褒扬。它意味着将历史进程与当前的变化及价值观相联系，而不是企图使它们相脱离"。① 在各式不同建筑错落有致的有机混合中，我们看到的不仅是优美的街道天际线，而且是诠释街道成长的历史天际线。

在街道熟悉的场景中，我们可以感知相比起所见所闻还要多的深层次内容。无须借助多么深奥的思辨，其实一条街道的某个街景或某座建筑就能够让我们回想起本真的自我。那些街景或建筑持久地存在着，它隐藏着某种力量，我们时常见到它并受到它的影响，每天清晨出门上班时看到的是它，每晚进入家门前看到的还是它，它让我们深受吸引。确实，上下九路的骑楼建筑能让我们的情感重归宁静，逢源大街的古老大屋能让我们的心绪重获平衡。这些街景或建筑每时每刻守护着我们的心灵。

街道上的场所未必要如何宏大，也未必都有多么精致，可能只是一个普通的街角或者一个不起眼的拐弯处，它所流露的精神也一样，或者是自然而然的温馨，也或者是平淡的阴郁，所有这些都无损于它的意义。街道上那些场所及其精神使我们与周遭世界更为亲近，并且在获得慰藉与关怀的同时感知世界的真实。

担心各种不同建筑混合会造成视觉混乱是多少有点缺乏想象力的。在这样的街道上，我们看见的绝不是那种单调的景象，而是变化丰富、每一处建筑或街角都具有意象性，都凝聚着城市生活的故事，因而具有可读

① 见[美]凯文·林奇《城市形态》，华夏出版社2001年4月第1版P.184

性的。

五、建筑及其所构成的街景具有代表性，属于地域或文化某种类型的典范。由具有代表性的地域建筑与现代建筑精巧组合构建而成的街道是无与伦比的。那些最了不起的街道在建筑上也应该是最为优秀的，而所谓优秀不仅是指多样化的混合，还包括要有作为街景重要基调的具有代表性的地域建筑。这些地域建筑未必在数量上占明显的多数比例，但它们有清晰的可以被强烈感知的地域特色。它们并非每一座都那么伟杰出众，烘托少数经典地标的是大量普通的但同样具有代表性的建筑，它们与其他各式现代建筑一道共同营造出最能够代表地域文化精神的街道意象。

既多样化混合又以地域建筑为基调的街道是独特的，借此它可以完全区别于其他城市的街道。譬如广州的地域建筑骑楼和西关大屋，完全可以在今日广州街道演变中担当重要角色，承担赋予这座城市及其街道以鲜明特色的使命，并同时让自身绽放出新的光彩。骑楼、西关大屋以及竹筒屋等一直是广州最大量、最普通和最有代表性的建筑，即所谓城市的母体建筑。其中骑楼是一种底层有公共柱廊的沿街店屋，又称"南洋风"建筑，是本土建筑与外来建筑互动过程中地域化的结果，它在街道两旁紧邻排列就构成了广州街道的典型景观——骑楼廊道。而由坡形瓦顶、青砖石脚的立面以及三重门等形式构成的西关大屋，则自近代以来一直是广州最普通却又最精致且具有浪漫色彩的民居。如果这些地域建筑能够找到或实现在传统精神与当代发展以及浪漫型与实用性之间的新平衡，那么，由它们的现代演变方式为主调所构成的广州街道将是多么的了不起！

六、具有精神关怀意义，能够作为我们心灵的居所。综合上述多条标准，伟大的街道无论是在物质上还是精神上都是堪称优秀的，因此最后的当然也是至为重要的一条标准就是，伟大的街道要体现对人的精神关怀，能够作为人们心灵的居所。

我们之所以对某条街道留下深刻的印象，深受其吸引，往往是因为这条街道在空间形态和结构形式上具有情感色彩和蕴含精神内容。街道不仅满足我们越来越高的实用功能要求，而且满足我们越来越强烈的精神关怀和心灵慰藉需求。它那以密集排列的建筑所围蔽而成的清晰空间是超越

右页图：清晰的可以被强烈感知的地域特色。

实用性单一功能的，分明具有精神关怀意义。而当中那些以浪漫型的或经典的建筑构成的场所，更有一种让心灵得以安顿的家园效果。与黑格尔所阐述的中世纪浪漫型建筑某种功能相类似，① 这些城市街道尽自身方面的种种可能，在空间形态和结构形式上显示出精神的内容，显示出街道的最大意义就是向人类精神提供围绕遮蔽，成为人类精神的栖居之所。在这里，街道的闭合功能所构造的空间已经"完全转化为由人类自身创造出来的一种内在世界"。②

譬如当我们具体深入到西关大屋的日常过程，会发现这些大屋的所有细节依然多么符合今日城市生活的精神需求。它的趟栊与脚门既是现代人自我空间与精神世界的一道屏障，隔开了喧嚣闹市的风尘；又是人们保持与外面世界联系的通道，横架的圆木和精细雕花之间，通风透气，审视清晰。实际用途与象征意义如此完美融合，它也就超越了物理意义而成了一个精神作品的细部。大屋内的天井是通风采光的内庭，从屋顶天窗透下来明亮的光，静静洒在做工精细的麻石地板上。天井周边设有去水孔，主人可能还会在这里摆设些花草。站在麻石地板上仰望星空，容易使人想起"天阶夜色凉如水"和"长河渐落晓星沉"的诗句。大屋的结构形态关注到市井中人对自然与崇高的向往，一些微小细节往往在不经意中就带给人们以精神慰藉。这种随处可见于西关大屋以至竹筒屋中的建筑细节，连同其他微细的艺术效果，本质上恰好是当今城市的标准商品建筑在理解了自身的欠缺之后所要竭力追寻的。而由这样的建筑列立围蔽而成的优雅街道，必定是我们理想的心灵居所。

成为伟大街道的前提条件

最好的街道并不是按照我们的主观意愿可以在短时间内轻易地"打造"出来的。它与城市的历史相关，与城市的长期演变和市民在日常生活中的自然选择相关。而且，在对街道分析中我们看到，最好的街道在达到上述种种标准之前，至少还要符合一些先决的前提条件。

一、具有清晰的轮廓与边界，两侧密集排列的建筑形成闭合的线

①见[德]弗里德里希·黑格尔著、燕晓冬编译《美学》，人民日报出版社2005年1月第1版P.148~P.149

②见李卫、费凯著《建筑哲学》，学林出版社2006年8月第1版P.354

性物理空间。最好的街道首先要具备作为一条街道的基本特征，构成这些特征的要素应该是充分而又清晰的，亦即我们一般认为那样，完整意义上的城市街道必须具有一种闭合的空间氛围，它最基本的形式特点就是沿街两侧设置了连续不断的建筑，以此构成清晰的空间边界，能给人以具有归属感的围合。这种围合感的形成借助了一定的高宽比，即沿街建筑高度与街道宽度的比例，一般认为当这一比值小到某个数值以下的时候，人们已不再有置身于街道的感觉了。这里也存在一个绝对数值问题，当街道的宽度不断加大而达到某个数值时，则不管高宽比如何，街道都已经不复存在了。由此也可以说，伟大的街道首先必须是一条名副其实的街道。那些空间时常被打破、轮廓与边界模糊不清的，或者宽阔得几乎可以视之为广场、人们轻易不愿涉足其中因而空荡荡的"街道"，是不应列入考虑对象的。

之所以强调这一常识性的前提，是因为如今我们所见到的不少城市街道，原有亲切的空间尺度被无序的"建设"打破、沿街的连续界面和特色空间被粗陋的建筑物破坏,以及宏大的拓宽工程令街道特征顿然消失等情况并不在少数。

二、它不是只有单一交通功能或主要用于交通的街道,因此没有隔离与分割,也没有纵贯其上的高架路与天桥之类。街道既是交通的通道又是生活的场所。因此好的街道是要具有适宜生活的多样性,具有基于首要功能的多种用途,方便居民与游人的活动。这也就决定了一个前提:那种只有单一交通功能的街道是不能纳入好的街道的考虑之列的。很难想象那些没有多少人气、没有生活气息,只有风驰电掣的车流的街道会有多么优秀。这样的街道往往被封闭分隔,将街道两边割裂开来。尤其是那些有快速高架路横贯其上或者到处天桥飞架的街道,人的生活活动备受干扰,街景被割裂而无从欣赏,这样的环境人们犹恐避之不及。在中心城区,一条街道修建起高架路之日,也就是这里的街道生活开始萎缩或品质下降之时。城市或有所需的快速通道或高架路之类,应该尽可能远离中心城区与传统城区,至少要避开作为城市生活重要场所的那些主要街道。

同样,强调这一前提,也是因为如今我们所见到的不少城市街道,原先作为一个整体的重要或传统的生活空间,以及城市的历史文脉,在疏导交通及发展经济的名义下被粗暴地破坏,这样的"城市败笔"也并不少见。

平实的广州需要伟大的街道吗?

　　这是一个非常有趣的话题:似乎城市街道的伟大与市民生活的平实并不相干而且相冲突。多少有点奇异的表述,但这个话题对于广州却绝不是多余。

　　西班牙巴塞罗那的兰布拉斯大街(Ramblas),从加泰罗尼亚广场沿东南方向略微弯曲地下行至港湾的哥伦布雕像,长达数英里,是行人川流不息的步行道。这里毗邻巴塞罗那最大的名为Boqueria的露天市场,高低错落的钢质骨架遮阳篷下面,摆满了鲜亮整齐的水果蔬菜、散发着海水咸涩味的海鲜,壮观的场面连同人声鼎沸的嘈杂氛围,使得这座市场成为全城最令人兴奋的场所之一。沿街漫溯,我们可以看到著名的巴塞罗那大歌剧院、光彩照人的路易十四式建筑摄政女王府,以及由现代伟大建筑师安东尼·高迪设计的有巨大阳台和繁复铸铁纹饰的楷尔宫。歌剧院对面是令人神往的 Café de l' Opéra,据说这间咖啡馆共有3000多种东西可供吃喝,其中的热巧克力是极香、极浓的饮品,可能是欧洲大陆最美味的。又有说这里的老招待性子很急而且记性不好,时常忘掉你要的东西,但还是值得你耐心等待,因为这样的咖啡馆在巴塞罗那只此一家。街道高大茂密的伦敦悬铃木或棕榈树下有成排的凉亭,一些拱形柱廊当中穿插了街头啤酒厅或露天咖啡座。在各种品牌橱窗和鲜花屋、小鸟店周围,还有许多街头艺术家和人体雕塑,热闹非凡。人们就在这样的街道上散步、观光、购物以及会面与聊天。城市旅行家林达认为兰布拉斯大街热热闹闹很好玩,他欣赏这条大街挤满小摊贩、小酒铺、小吃档以及街头艺人大显身手的景观,并认为最精彩的是这些东西联结了巴塞罗那起于罗马时代的老城。国际媒体discovery频道将这条大街评选为全球名街。巴塞罗那一位作家则将这里称呼为"许多人度过一生美妙时光"的地方。[①]

①见李卫、陶心怡、张瑜译《100缤纷广场》,文物出版社2007年1月第1版P.36～P.37

意大利罗马的科尔索大街（Via dei Corso）是全球著名的狂欢节的大街，为了方便观看狂欢的场景，人们甚至在沿街两侧建筑中加装了阳台。而穿过林立的宫殿和密集的店铺，人们还可以在多里亚宫庞费利画廊观赏提香、卡拉维吉奥和拉斐尔的名作。康多提大道（Via Condotti）上著名的Greco咖啡馆不仅吸引了果戈里、歌德和叔本华在此来来去去，沿街遍布的品牌店如华伦天奴、阿玛尼、古奇等也吸引了来自世界各国的旅游者。然而对罗马而言，朱伯纳里大街（Via dei Giubbonari）则无疑是人气最旺的最有世俗色彩的街道。这条早在中世纪已经存在的街道，从与艾伦纽拉大街交会处的喇叭状入口起沿西北方向延伸至花之原野广场，全长约300米。花之原野广场是罗马最鲜活的露天大集市，可以说是朱伯纳里大街不可分隔的有机组成部分。这个大集市色彩缤纷明快，每日从清晨持续到下午2点都是市声喧嚣、热闹非凡，小摊档上堆起了高高的商品，小摊贩的叫卖声充斥于耳，除了农夫们大清早摘来的各式新鲜蔬菜，还有橄榄、莴苣以及小花店中的金鱼草、荷兰鸢尾花、黑玫瑰、郁金香等，价廉物美的小吃店和小酒吧也吸引了无数年轻人。1600年异教徒布鲁诺就在这个广场上被处以火刑，如今他的雕像立于中央，注视着广场上的活动。朱伯纳里大街每日的活动总是从花之原野广场的集市开始，初时人不太多，但大约上午10点就挤满了人，包括到街上或集市上购物的、前来喝茶或就餐的、悠闲散步和旅游观光的。他们或者独自漫步或者结伴而行，有的行色匆匆有的缓步徜徉，也有停下来交谈或观望的，形形色色应有尽有。直至傍晚过后这里才逐渐安静下来，而这会儿恰好又是清净散步的好时光。朱伯纳里大街的名称意为"夹克和紧身上衣制作商之街"，这是中世纪遗留下来的行业街印记，至今街道的大多数店铺仍然是经营服装的。这一带的许多街道都以曾经聚集在一起的行业命名，并且保留沿用至今，譬如制帽商之街、锁匠街、制箱者之街等，这种做法不仅使手工业者获得法律保护，还方便购物，使街道得以会聚人气。

圣米歇尔大街（Boulevard Saint-Michel）从塞纳河畔的圣米歇尔广场自北向南穿越巴黎左岸的繁盛市区，一直延伸到蒙帕尔纳斯大道至星港大道交会处。这里不仅有林立的食店和服饰店，还有许多咖啡座以及书

巴塞罗那街景

店。大街北边附近有卢梭、伏尔泰和雨果常到的波寇伯咖啡馆，南端不远有列宁和海明威常到的丁香园咖啡馆。萨特经常在那里写作的大名鼎鼎的花神咖啡馆和同样著名的双叟咖啡馆，以及许多艺术家和明星常去的圆亭咖啡馆都在不远之处。还有，读书人喜爱的莎士比亚书店就坐落在靠近塞纳河的大街东侧维维安尼花园的广场旁边。而这间最初由传奇的比奇（Sylvia Beach）所创的书店，其原址则在大街西侧不远的欧德翁街12号。圣米歇尔大街还有更多东西，包括著名的卢森堡花园，以及收藏了大量中世纪艺术品的克吕尼博物馆等，沿街的设施也相当完备。《伟大的街道》的作者阿兰·B·雅各布斯这样描述圣米歇尔大街："在街面上，无论选择以什么样的步速行进，人群、咖啡店的餐桌椅，或新或旧的电话亭总会环绕在你的周围。引人注目的事物与上述障碍物是等量齐观的，甚至还要更多：书籍摆在商店前的桌子上，鞋子、运动衫、夹克、女装、衬衫摆在货架上出售，或者也放在同样的桌椅上。它们都能吸引人们的目光，使人们放慢脚步去观察、去审视、去盘算、记住某种商品、去比较价格，或许最终你会买下它。白天的圣米歇尔大街上是很难快速行走的。人们的注意力都被吸引到了街道上。经过那些角落的时候，通常都很难集中注意力，或者说在大多数的情况下都是这样的……冬天那几个月阳光很少，日照时间短，太阳高度角低，照进街道的光线更容易被建筑遮挡。但是树木已经落光了叶子，对所有阳光都毫无遮挡。它们的枝条在天空中交织出美丽的纹理。街道不再那么明亮，也不再那么生动。但是即便是在雨天或融雪中艰难行走，圣米歇尔大街的店铺依旧会灯火通明，而且如果天气允许，还会摆出货架，出售商品。无论如何，圣米歇尔大街都依然会是个好去处，尤其是在巴黎，因为转过街角，你就能看到春天。"[①]

　　世界上还有许多堪称伟大的城市街道。你或许会对所看到过的这些了不起的街道留下各种各样的深刻印象，但所有这些公认的伟大街道都有一个共同特征，即它们都是生活的街道，都充满了人的活动和日常生活的气息。还有一些你或会觉得相当优秀的街道，譬如柏林的库弗斯坦达姆大街、伦敦的摄政街、爱丁堡的王子街、纽约的第五大道等，它们都很有生气富于情趣，或者繁忙且功能多样，或者相对淡雅宁静，但又能带来附近

① 见 [美] 阿兰·B·雅各布斯著，王又佳、金秋野译《伟大的街道》，中国建筑工业出版社2009年1月第1版P.57～P.58

西班牙巴塞罗那的兰布拉斯大街。

就充满了他人活动的感觉，又或者能够在那些尺度庞大、形式规范的建筑类型中营造出非常谦逊、亲切的建筑环境。它们都具有浓郁的生活氛围，或者从特定角度展现城市的某个生活领域。

伟大的街道具有某种内在的自然而然的朴实精神，无论呈现何种风格，它们显然都不是因为伟大而伟大的，它们是因为生活而伟大的。巴黎的香榭丽舍大街或许在某些方面衰落了，但蒙田大街却依然是商场与饭店林立超级时髦的。上海的淮海路和南京路或许未必可以称之为伟大，但两条街道无疑是具有极大魅力的，在许多方面都极其优秀。它们无一例外都是为生活而存在的。

且不说加泰罗尼亚的梦想和哥伦布的丰功伟绩，仅仅是露天市场上的热闹，以及为了养家糊口与某种愉悦而倾情演出的街头艺术家的存在，兰布拉斯大街就足够伟大了；且不说中世纪街道的浪漫风格和布鲁诺雕像的忧郁眼神，仅仅因为每日清晨广场上某座建筑的窗户在阳光中打开，以及花之原野广场数百年吆喝声喧嚣如故，朱伯纳里大街就足够伟大了；且不说圣赛芙韩教堂的宏伟尖塔和克吕尼博物馆的精美藏品，仅仅因为能够

上图：巴黎街景。

下图：广州街景。

在街头边品尝香浓咖啡边欣赏街景，以及能够在喜爱的书店里轻松品读卢梭和雨果或某些令你会心的文字，圣米歇尔大街就足够伟大了。

从生活出发，我们必能真实反映一座城市内在深刻的思想和始终持有的抱负。以此观照广州这座城市，关于她是否需要伟大的街道的问题也就不言而喻了。这座城市千百年来一直以平实生活著称，她的大街小巷从来就是生活的丰盛容器。街头巷尾之间，不仅有许多旧日生活的印痕，现实生活更在当下日益丰富而且具体地演绎着。城市的宏大历史正是由这些具体生活构成。如果像前面所说，伟大的街道首先是生活的街道，那么这座城市已经具备了基础，在忠实地诠释这座城市的本质之意义上，伟大的街道是值得广州追求的。

漫步于广州的街道，你或会被它的氛围所感染，或又会想得很多。以这座城市的独特性格，对于街道，相信有市民会说："嘿！我们实实在在地生活，管它伟大不伟大。"这种说法未必很完美，但是正是这种城市心态，提供了产生伟大街道的最基本条件。这恰好说明伟大的街道不是因为我们需要它就存在的。伟大的街道从多个角度代表了所在城市的物质的与精神的最高品格。这样的街道它在空间、立面、尺度、细节、肌理，以及城区场所等物质环境属性方面都手法非凡，符合城市生活的舒适要求；在意象、情调、气质、风格、历史气息、文化意蕴，以及地域特色等社会精神属性方面则出类拔萃，满足人们内在的深层次上的精神慰藉或者审美愉悦的需求。今日广州提出了"首善之区"的概念，正在建设适宜生活和适宜创业的城市，她有那么悠久的历史，她在过去30年走向复兴的过程中也已积聚了那么多的能量，她可以一如既往地平实低调、谦虚谨慎，但她需要一条伟大的街道反映城市自身的典型气质——这座城市应该在平实的日常生活中涌现并且着力培育、建设这样一条伟大的街道。

如烟飘散的羊城古街踪影
——在典籍记载中漫溯

这里只是顺便述及这座城市的历史上的街道。这些昔日街道如今只存在于城市记忆中，我们只能在典籍记载的册页之间寻索并想象它们当日的模样。许多街道至今依然存在，但事实上此街已非昔日的街。然而约略了解一下这些古街，多少有助我们认识这座城市并且明白今日的街道为何如此。

意象朦胧的高第街

对许多人来说高第街可能只是现代广州的重要符号。然而这条街道早

已非昔日的街

在宋朝时就已经存在了，它作为古代广州意象朦胧的城坊，始终透露着以往坊间某种悠远而神秘的场所精神。

古代广州城随珠江北岸线的南退而不断向南延伸。至宋末时岸线大约退至丛桂里、状元坊、一德路、万福路一线，此时已经出现的高第街距离江岸不过百米之遥，大致与江岸线平行，呈西南至东北走向。靠近江岸的良好地段使高第街很快演变为相当成熟的城坊，成为城中颇多富商的高门宅第的聚集之地，呈现建筑紧密、楼高庭深的街道景色。唐代宰相张九龄的后裔张子颐宋时就从曲江迁居此街。明清时高第街更趋繁盛，既有高门宅第也有市井民居，还有鞋店、布店及制帽作坊，具有某种多样性。还坐落着静业庵、初地庵等寺观，甚至清顺治年间广州府署和清后期的盐务公所也曾设在街中。街道居住者也是多样的，其中不乏名人大户，见诸记载的人家就有南海籍的明监察御史、浙江按察使周新家族；南海籍诗书画家、陈献章弟子李孔修家族；先世以医为业而后喜读诗书的林钧川家族等等。①高第街北侧的"许地"则有被称为"近代广州第一家族"的许氏家族，家族中的第一个举人许祥光（1799–1854）、内阁学士许应骙（1832–1903）、江浙布政使许应镳（1820–1891）等，都曾经是高第街的居民。街中留下精致已然残破的许氏宗祠建筑群，让人在深巷虚渺中隐约感受一缕古街踪影。

典籍记载高第街还有一些神秘有趣的事情。其中说清嘉庆年间（1796–1820）街中有户人家请人疏浚家中水井时，从泥淖中拉出一条铁索，越拉越长，达百丈仍缕缕不绝，主人惊惧之下将铁索重新放回井中。次日再请人来取，铁索却不见了。此类趣闻仅为坊间传说，似乎无从也不必考究。②"千寻铁锁沉江底"，或许存在的这条铁索可能将永远深藏于高第街的地底，街道由此平添了些许奇异神秘的色彩。

近代以来，高第街上的三多轩文具店、九同章绸缎店和梁苏记洋遮等名店陆续出现，世俗生活更加喧嚣繁盛。后来街道不断变迁，在各式传统建筑周围，陆续出现一些新建筑及西式小楼，它们优雅地与先前的老屋浑然为一体，演绎着街道景观的渐次轮替。只是，谁知道这街景背后还藏有多少尘世的秘密？

①见黄佛颐编纂，仇江、郑力民、迟以武点注《广州城坊志》，广东人民出版社1994年12月第1版 P.491~P.493

②（同上）

诗人曾居仙湖街

在典籍记载中，仙湖街作为一条古街巷至少在清乾隆年间就已经存在。五代十国的南汉时期（917–971），南汉王刘岩令人在越王台西南约1里处开凿湖泊，修筑行宫园林，并聚集方士在此炼取仙药。这片位于城西的五百余丈长的湖泊就被称为西湖，又称为仙湖。后来湖泊因岁久淤积而消失，只剩下仙湖街、西瓮街让人怀想这里曾有过的湖光景色。

与东边不远作为城市轴线的承宣街及雄镇坊相比，仙湖街显得清幽闲雅多了。街道约有三百多米长，呈东西走向，明时八景之一的"药洲春晓"余韵犹在，景物最宜人。沿街周围多有雅致的建筑，其中包括明大学士何吾驺的祖居嘉显堂以及紧邻的览晖楼；雍正年间从西濠街迁建于此的朱文公祠；为纪念宋朝学者周敦颐而从清水濠迁建于此的周元公祠，以及表达对这位学者景仰之情的景濂堂；为纪念明代大哲学家陈献章而从越秀山麓改建于此的陈白沙先生祠等等。清乾隆年间为纪念明成化年间同中进士的涂瑾、涂瑞兄弟二人，又在街内修建了兄弟进士坊。南海典史署也从原址惠福巷迁至仙湖街。

为何这些纪念性建筑和文化建筑都不约而同迁建于此，这纯系偶然还是城区扩展演变的缘故，抑或是当日西湖暖风所熏染的宁静氛围特别适合这些建筑？据载街中还遍布园林，还有些宫苑、寺观。无论如何，我们可以想象这是一条多么古雅、历史与人文气息怎样充盈弥漫的街道。想必正因如此，仙湖街居然还吸引了清初广东著名诗人、"岭南三家"之一的梁药亭从世居的城西梁巷迁居于此，大诗人曾经生活于这街。

一条街道曾经拥有一个诗人，这条街道也将因此而变得诗意。梁药亭（1630–1705）是明末清初重要作家之一。他与另外两位诗人屈大均和陈恭尹史称"岭南三家"。他们以群体的力量推动诗坛和岭南文化发展，成为在全国有影响的文化人物。有学者认为他们是岭南文化走向成熟的代表，他们完美地展现了岭南文化的风格。诗人的作品当然也有对个人城中生活的描述，譬如有朋自余杭来，别时远道相送，诗人因而题句："我有荔枝酒，迟君不肯来，别离无限意，相送越王台。"不知这荔枝酒是否正是在仙湖的晚风中畅饮，而窗中举杯吟咏的身影也曾映照在夜的街中。遗憾诗人在仙湖街的故址已经无考，街中已经难觅诗人的行迹。

卖麻街的筵席仍未散去

卖麻街的历史可以上溯至一千多年前，据说宋代时已经有此街名。那时这一带城坊逐渐成形。卖麻街靠近珠江边，初时是经营织网和麻袋、麻绳等物品的集市，后来陆续出现许多油栏、果栏、菜栏、鱼栏等。明清时，此处已经成为店铺林立、物丰财阜的街市。每天曙色微明之际，街道上各个"栏口"已经开市，来自各处的人聚集于货栏前，叫卖声与应价声此起彼落，连同运货、卸货的嘈杂声以及人们赶去饮早茶的交谈声，街上已是一片喧嚣。天亮时，采购商陆续散去，前来零买购物的市民则逐渐多起来，尽管没有黎明时鼎沸，但同样市声繁闹。这一切要到入夜之后才逐渐安静下来。但没过多久，下一个喧嚣清晨又到来。

卖麻街的筵席仍未散去。（摄影/徐晖）

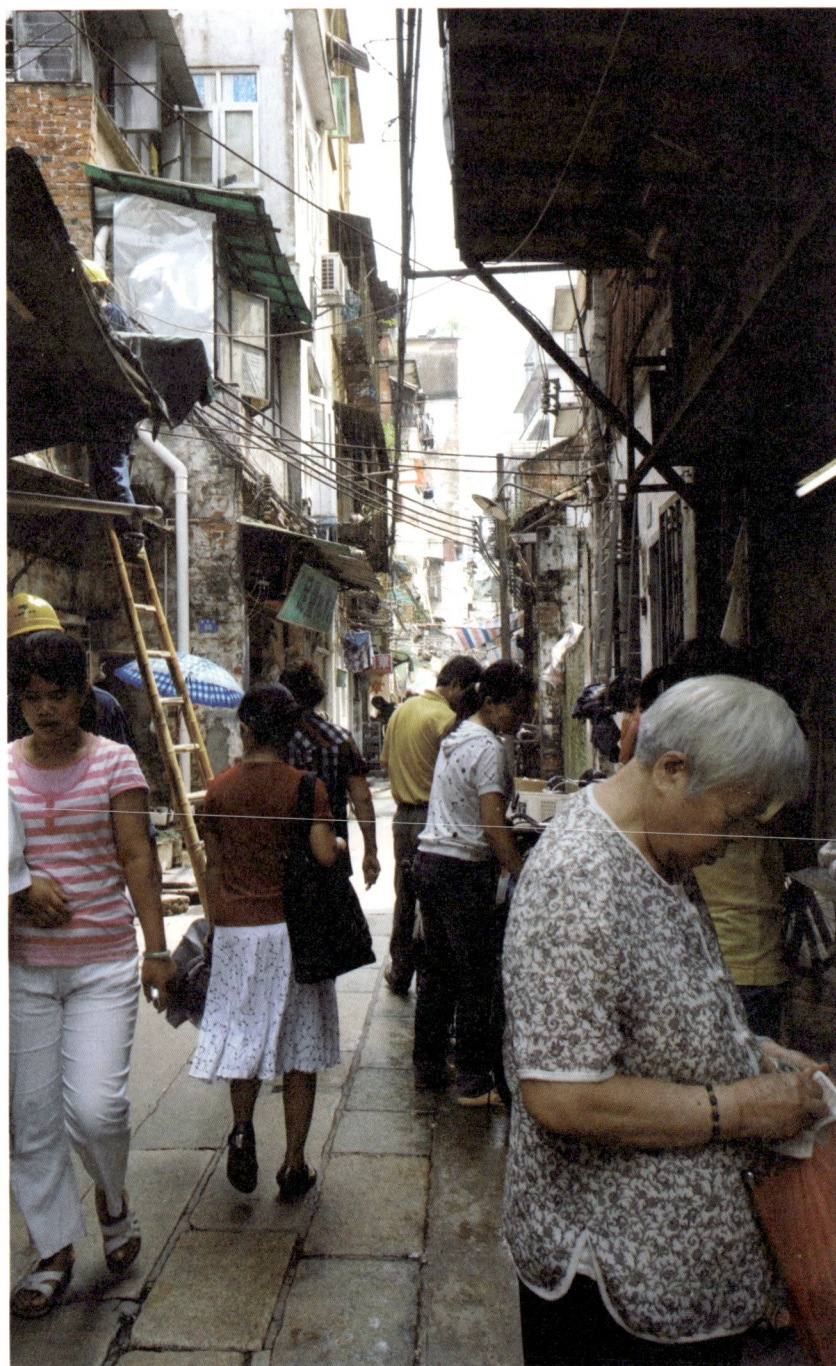

一德路卖麻街就是以前果栏、菜栏、鱼栏之街。

整条卖麻街实际上就是一个大市集。不仅如此，在货栏云集的卖麻街附近一带，还陆续出现了杉木栏、桨栏、糙米栏、油栏、豆栏、咸鱼栏、塘鱼栏、猪栏、鸡栏以及各种果菜栏。如同卖麻街一样，许多街市还沿袭栏口的名称作为街名。卖麻街以及广州城南货栏聚集的街市景况，数百年来繁盛不息，恒久不变。

然而卖麻街上还有另外一种景观，从清初至咸丰十年（1860），两广总督府衙门就设在街的东端。这座规模宏大的建筑，有三道大门和三道仪门，甬道左右是官邸，衙门设有大堂、二堂、三堂和四堂，每堂又各设多个厅间，还设有调风阁、东箭道、西箭道和两进多间的书屋。这个两广最高权力机构毁于1856年第二次鸦片战争的炮火。法国人在这片废墟上建造了被称为"石室"的中国现存最大的哥特式建筑——天主教圣心教堂。这是一座精雕细刻的"石头的杰作"，58.5米高的哥特式双尖塔直指天际，高高的彩窗给堂内投射着明亮而又神秘莫测的光。教堂前两侧角石分别刻有"ROMA1863"和"JERUSALEM1863"字样，寓意天主教创立于东方之耶路撒冷而兴盛于西方之罗马。

卖麻街就是这样奇特，融市集的喧嚣与衙门的庄严及教堂的神圣于一街。有人说总督衙门、大主教堂的政治、宗教氛围也没能改变什么，卖麻街始终是一条果栏、菜栏、鱼栏之街。而我更惊讶于这总督衙门和神圣教堂竟如此接近世俗的烟火，甚至感到它们彼此那样协调，这是一个多么有意思的街景。

尤为重要的是，当日卖麻街的"三栏"还在经营，而且变换着形式具有更大的规模。旁边一德路的干果、海味、食杂等店铺的终日喧嚣，以及附近街市流荡着的特有气味告诉我们，这是卖麻街现代意义上的延续。卖麻街的千年筵席仍未散去。

番商云集的怀远驿街

怀远驿是一条独特的街，甚至可以说它并不是一条严格意义上的城市街道，不过它确实具有意义。它是那种已经完成了街道的使命而在城中逐渐退去的街，十七甫附近连绵不断的老屋新厦覆盖和湮没了它的踪影。

所以说它特殊，首先是因为它不像其周围的街区一样伴随着城市的发展而自然形成，它是因为对外贸易的需要而由政府专门兴建的城区街段。唐代朝廷在广州创立市舶贸易制度，宋元时期这一制度又有新的发展。明代由于"朝贡贸易"的出现及日益增多，东西两洋各国的官方贡使以及随行商人多以广州为上岸贸易之地，朝廷为接待这些贡使及商人而于明永乐三年（1405）在广州设置怀远驿，街道由此而形成。

怀远驿街大致位于下九甫和第十七甫之间地段，即今十三行路西北约1里处，与市舶提举司署相近。街中除了贸易场所之外，还建有官房120间供番商居住，沿街一带还有天后庙、达观楼等建筑，以及宋代海山楼和市舶亭的故址。[①] 作为管理机构的市舶提举司署就建在海山楼故址上。怀远驿街实在是一条华洋杂处的繁盛街道。来自南洋、欧洲等约25个国家的远航者，和来自五湖四海的包括官员、商人及普通民众在内的华人会聚于此，他们因为贸易及相关的活动，在街上或为匆匆过客，或者长期驻留，彼此打交道，相容共处。阿拉伯商人较之以往明显减少了，而葡萄牙人、荷兰人、英国人、法国人的面孔则到处可见。当然，这里的华人特别是广东、福建两省的商人很早就有海洋贸易的经历，足迹遍及南洋甚至更远，世界对他们来说并不陌生，因此他们对怀远驿街的出现并不会感到惊奇，贸易交往相当自信，秉持了南方人素有的"淡定"。就连街道上的设施与景观也是恰如其分的，既有适合客商居住的馆舍，也有本地特色的建筑。市舶提举司署就建有精致的水心亭、观澜亭，令人赏心悦目，而附近天后庙的朱甍画栋，更为怀远驿街增添了浓郁的地方色彩。

怀远驿街是这座城市海洋贸易传统的某种象征。就连它存在于城西这个地点也不是偶然的，市舶提举司署的所在地，就是宋代市舶司的故址。宋元时期曾经存在的海山楼，更是这里历史上曾经最为重要的标志性建筑，当这里刚刚成陆不久，人们就建造了这座宏伟的建筑。它下临江水，各国商船交易于楼下，而登楼则可极目千里。宋时不少文人墨客为之题咏。海山楼后来毁于元朝，其标志性地位最终被明怀远驿的市舶提举司署所代替。

但是怀远驿这个古代广州朝贡贸易之所，在经历了280多年的繁盛之

① 见王尔敏著《五口通商变局》，广西师范大学出版社2006年9月第1版P.96~P.98；黄佛颐编纂，仇江、郑力民、迟以武点注，《广州城坊志》广东人民出版社1994年12月第1版P.590~P.592

后，也被具有近代贸易体制的十三行所取代。伴随着这个隐然潜行的递嬗过程，怀远驿街也最终消失。

城西这片曾经矗立过明市舶司署和天后庙的地方，如今尽是稠密的建筑。在依然带有近代色彩的大街小巷中，今天的人已经很难确认怀远驿街曾经存在的准确位置了。

濠畔街——昔日繁华之街

这是旧时广州城南一条紧邻玉带濠、水上舟楫穿梭岸上喧嚣繁盛的十里长街。它伴随着宋时濠涌开通而逐渐形成，因濒临濠水而得名。街道起始于城东水关，结束于归德门外的西水关。明清时，这里层楼画榭鳞次栉比，飞桥曲阑接连不断，沿街食府遍布，游人如织，灯火辉煌，笙歌彻夜。街中有座楚地商人所建的素馨斋，闹中取静，饮馔精致，时常邀请城中名人墨客前来雅集游宴，优雅诗意和瑰丽物质营造了城中社交天堂。许多馆舍十分堂皇而且规模宏大，内有大厅供饮宴，前面则有戏台供梨园演出。此类沿街毗邻

濠畔街已不见当日浪漫与浮华（摄影/徐晖）

而置、独具特色的市肆相互映照，极尽所能地表现出濠畔街的世俗、浪漫与浮华。屈大均曾经形容这条街道"当盛平时，香珠犀象如山，花鸟如海，番夷福奏，日费千万金，饮食之盛，歌舞之多，过于秦淮数倍"。①

古时濠畔街的街景，与意大利威尼斯的水城街道似乎有某种类似。乘坐"贡多拉"在水巷中穿行，从麦秆桥和叹息桥下面穿越而过，最终可以到达大运河并且看到远处巍峨美丽的安康圣母教堂。同样，濠畔街上的玉带濠带来舟楫之便，对贸易和游览都很有利，沿濠涌而行，可与西濠汇合最终到达宽阔的江面，并且可以看到东面海珠石上慈度寺的飞檐高阁。

在这条街道上，各种用途依然遵循着某种自然结构上的侧重聚合。沿街一侧多为饮食歌舞场所，隔岸则是百货市集之地。特别是街道的西段，在清代乾隆、嘉庆年间是城市的金融商业中心，中外客商云集，当中建有各种商业会馆，包括浙绍会馆、山陕会馆、湖广会馆、金陵会馆、四川会馆等。虽然有此功能侧重，但整条街道是一个用途混合的有机整体，尽是世俗繁华。南园抗风轩的孙蕡在他的《广州歌》中生动描述了这一带街道市声喧嚣丰富繁盛的景象："广南富庶天下闻，四时风气长如春。长城白雉白云里，城下一带春江水。少年行乐随处佳，城南濠畔更繁华。珠帘十里映杨柳，帘栊上下开户牖。闽姬越女颜如花，蛮歌野曲声咿哑。阿峨大舶映云日，贾客千家万家室。春风列屋艳神仙，夜月满江闻管弦。良辰吉日天气好，翡翠明珠照烟岛。乱鸣鼍鼓竞龙舟，争睹金钗斗百草。游冶流连望所归，千门灯火烂相辉。游人过处锦成阵，公子醉时花满堤……"

濠畔街的繁华如今只存在于典籍中。在典籍记载中寻索并据以想象，简直令人顿生错觉：城中并无新鲜事，今日城市街道上的所有繁华，旧时濠畔街早已有过。

① 见屈大均著，李育中、邓光礼、林维纯、熊福林、陈伟俊注《广东新语注》，广东人民出版社1991年5月第1版P.420、P.58注[55]

右页图：优秀的街道适宜生活与交往，有助于良好关系的形成。

下图：夜色降临街道（摄影／徐晖）

第二篇
广州可以期待一条伟大的街道吗？

城中没有一条街道是相同的。这里所分析的多条街道，各从不同角度反映出今日广州那些好的街道的概貌。就发展而言它们各有优势、各具条件。然而重要的是，这些街道一直参与并将继续参与我们的生活，曾经注视并将继续注视我们日常的每一次痛苦与欢乐，以及数不尽来来去去的平淡与寂寥。它们似乎无法改变我们的命运走向，却在物质上和精神上给予并将继续给予我们许多庇护与关怀。如今，我们对这些街道依然充满了期待。

最古老又最时尚的北京路

越秀老城区的北京路作为城市的主要街道至少在唐宋时期就已经存在了，它是广州最古老的街道之一。正如我们从"千年古道遗址"看到那样，最初这条街道只是一条简陋的以条石铺砌的通道，那些条石并不怎么规整，铺砌得也不那么整齐。那时街道中部建有清海楼，石头基座上筑有双阙，宋时改为双门。此楼在历史上经历过多次毁坏与重建，明代时始称拱北楼直至最终消失，但每次重建都保留了双门的格局，因此旧时市民习惯叫这条街道为"双门底"。事实上，清代时以拱北楼为中隔，北为承宣街，南为雄镇坊和永清街，这几条古街坊正与今日北京路大体相当。今日的北京路其实不是很长，它北起广卫路东端的欧洲文艺复兴建筑风格的省财政厅大楼，南至珠江边沿江东路，长度仅约1公里多。但由于它意蕴丰富，内在的历史元素和外在的多样化结构，以及多彩的街景，令人在行进中不知不觉消磨许多时光，不会觉得街道很短。而这样一条街道，从南到北的多个出入口却相当的平实简朴。正是这种既意蕴丰富又平实简朴的特性，散发着深具魅力的南方都市生活气息，吸引人们走进这街道。

北京路是那种至今保持活力的传统城区街道的典型代表。在至少可以上溯至唐宋的历史当中，它一直是作为城市中心街道而存在的，至今它依然是城市的中心街道。北京路有着明显的特征，即历史悠久、古风犹存；时尚新潮，充满动感。这条街道及附近一带，很容易让人联想古代广州如宋代"中城"那种严谨的棋盘形街区布局，还会让人感觉到那种巷陌纵横相对狭窄的宁静古朴又市声相闻的里坊氛围。街道现今被发掘出来的"千年古道遗址"有直观可视的更强的历史感。然而与城中另一处古老街道小北路至仓边路一带不同的是，北京路始终是城市的潮流风向标志，它是古老的又是时尚的，城市的时尚生活一直在这里演绎，从未停息过。这

上图：多彩的
街景令行人在
不知不觉中消
磨许多时光。

下左图：北京
路上有多家书
店。

下右图：高大
的街头广告。

座城市的古老街道比比皆是，但古老和时尚集于一体而且一直作为城市的中心街道，这就是北京路区别于其他古老街道的地方。北京路是古今融合浑然无痕的典范。

从西湖路进入北京路可能是漫游这条街道的最佳选择。因为当你沿着西湖路走近北京路时，路右边光明广场大堂内透过钢化玻璃清晰可见的西汉城市水闸遗址，已经提示你这是一片多么古老的城区。紧接着迎面而来的"千年古楼遗址"更为你呈现城市最古老建筑的遗垣残石，它让史籍与方志关于城中一座鼓楼的朦胧记述，以实物方式清晰跃然眼前。一踏上这街道，就立即感受到它的历史分量。然而，当你带着深沉的历史感往左拐入北京路北段时，却又会马上有另一种感受。转瞬间你看到了一条异彩纷呈、充满时尚气息以及因不太宽阔而令人倍感亲切的街道。从这里沿街向北行走，是一种颇有意思及相当愉悦的经历。路两边是连续不断的三到五层高的建筑，各种时尚店铺相互紧挨着，它们装饰考究五光十色，风格各异又普遍具有现代感。浓浓的商业空气中，又飘荡着缕缕文化气息，令人颇感清新。漫游者分明可以看到，在那些充满世界各地品牌的栉次鳞比的店铺橱窗当中，相间坐落着纪念明代哲学家陈献章的"白沙居"的门坊、清代书院群遗址以及刻有"越秀书院街"匾额的牌楼。更有在原三联书店旧址上新建的情调温暖的联合书店、有数十年历史的新华书店、朴素雅致的古籍书店以及学而优书店、科技书店等，这里是城中书店最集中的地段。那些商业品牌与文化机构相融共处于同一街道，彼此调和得那样和谐自然。附近一带还有秦番禺城、秦汉造船工场、西汉南越国宫署、南汉御花园等遗址以及明大佛寺、明城隍庙等多个朝代的众多历史古迹。如此多元汇聚，实在是城市街道演变的奇观。

北京路上这些商业的、历史的、文化的元素，一直掩映在浓密的树阴以及作为街道特色之一的无数红色小灯笼的装点氛围中，显得隐然平实，且都以城市世俗面貌出现。它们与其他浪漫时尚元素一样适应或迎合现实生活情趣而不超然自炫。这些元素被巧妙均衡地投射到街道的建筑与场所中，因此人们看到的是由建筑与场所构成的作为一个整体的街道。通常这里都是人头攒动的，人们流动在街道两边密集的建筑中。某种意义上正是建筑的密集造就了这条街道。建筑越多越密集会使街道建筑之间出现众多的垂直线，城市理论认为垂直线越多街道就越具有多样性的种种可能，从而使街道可能吸引更大量的市民与游人。而且这些垂直线由上而下地贯穿，表示一栋建筑的结束和下一栋的开始，这本身就具有趣味，并为街道赋予了尺度感。[①] 北京路北段这些垂直线尤为密集，所以这一路段的多样性尤为充分。是密集的建筑提供了这里多样化的结构基础，这些建造于近现代不同时期的具有不同使用功能的建筑，共同构成了北京路平实而又丰富有趣的街道景观。

当沿路向北逐渐走近并越过中山路交会处时，视觉焦点就是那幢仿欧洲文艺复兴时期建筑风格的省财政厅办公大楼。这座由法、德两国工程师共同设计并落成于1919年的砖木钢筋混凝土结构建筑是北京路北端的场所重心，它有着宏伟壮观的穹窿顶和仿罗马双巨柱式的大门，以及门前石砌的弧形大台阶。这栋大楼从一开始就是城市的重要机构，它那巨大而优雅的圆顶，一直是市民城市认同和确认街道方向的标志。整栋大楼就是北京路街景的终点建筑，不太长的街道使这视线终结之处相当清晰。建筑尽管本身的体量并不太大，但由于两侧建筑也不太高，因此在透视上获得了街道的主导地位。这一街景设计是相当成功的，它与城市理论中关于好的街景的分析如此吻合。[②] 如今大楼背后巍然矗立着同样建有优雅圆顶的省财厅新大楼、外立面为湖水绿玻璃幕墙的广州大厦，以及46层近200米高的瑞安广州中心等多座挺拔高峻的超高层建筑，这新老建筑强烈而又和谐对比所构成的作为重要街景的末端景观，客观上成为北京路的一个具有象征意味的巨大背景。这一路段还有其他一些较突出的建筑，譬如在邻近"财厅前"的街道东边一侧，有仿古典主义风格的骑楼建筑——文具批发部大楼、仿哥特风格有着优美垂直线条和拱形窗户的科技书店大楼；西边一侧有连接成长廊的骑楼建筑——这里传统上一直是城市百货业重地，有着浓重的商业气息。这骑楼长廊背后是古老的昌兴街，它因纪念一对兄弟为城市商业作出贡献而得名。街内那些虽陈旧却依然实用及富有活力的古老民居，极大地增添了街道的世俗生活气息。北京路北段还有两处相当重要的筑造物，那就是前面提及的"千年古道遗址"和"千年古楼遗址"。

① 参见[美]阿兰·B·雅各布斯著，王又佳、金秋野译《伟大的街道》，中国建筑工业出版社2009年1月第1版P.293

② 参见[英]克利夫·芒福汀著，张永刚、陆卫东译《街道与广场》，（第二版）中国建筑工业出版社2004年6月第1版P.146～P.147

2002年7月，北京路在整修中发掘出自唐代至民国时期的11层路面，以及宋代至明清时期的5层拱北楼基址，包括大量石条、墙砖和明拱北楼抱鼓石。有关方面将两处遗址清理整饰之后铺设了钢化玻璃上盖，将其建造成展示北京路悠久历史的景点供行人观览。

流连于北京路会感到相当舒适愉悦，因为这里空间略为狭窄尺度宜人，适于日常生活。这条街道的北段1997年2月正式开通为双休日步行街，自2002年元旦起又进而实施全日制步行。各种各样的人从四面八方会聚到这里，街道通常是拥挤的，但街面上总有空间可让行人随心所欲地选择疾步而行抑或轻轻漫步。人们摩肩接踵距离相近，只要你愿意，可以从路的这边看清楚路对面迎面而来的每一个行人的脸上表情，假如恰好有熟人到此，通常也不会错过。不算太宽阔的18～20米宽的北京路适宜人际交流与互动。因为它的适宜尺度，这里每个角落都是人们乐于前往和轻易可达的。一个紧凑的空间不会让人望而却步。城市文化的最大特征在于参与，它需要人们在紧凑的街道中穿梭往来从事活动。而且这种不太大的街区尺度，还使这条街道具有夏防日晒、冬御寒风的作用，这进一步增添了人们在其中活动的舒适感，人们更乐于在此流连。

作为步行街的北京路北段还设有多处开敞的驻留空间，包括名盛广场、与西湖路的交界处以及最北端的"财厅前"。这是一些可以停下来四处张望、可以稍事歇息或者拍个照片的场所。每逢节假日时，这些场所总是被重点布置成为引人注意的景点，或者灯饰全亮成为视觉的焦点。这里是"狭窄街道中的休止符"，最能促进人们的交谊与互动。这些驻留空间强调了北京路作为一条街道的意义——它绝不仅仅是一条通道，北京路是为驻留所设的，它是人们工作生活、娱乐休闲的城市中的室外大房间，是人们日常生活的环境与背景。

一般来说，步行街是北京路最吸引人的部分。但是完整的北京路还包括它的南段，那是蕴含同样丰富但外在景观却从繁华喧闹逐渐过渡到相对宁静的路段。如果从西湖路进入这一路段，向南直至珠江边，与之交会的街道依次有惠福路、文明路、大南路、万福路、泰康路、八旗二马路、沿江中路，其最南端则以江边的天字码头作为终点建筑。这一路段所在区域是最传统最具本原性质的老城区之一，而且具有"近海"的特性，沿路一带可以看到最典型最具有广州味的市井生活。

这里沿街道两侧有许多早期兴建的普通民居，还有许多简朴的小店铺及一些其他建筑，偶尔还可以瞥见街道内巷的民居密集重叠的景象。然而在这貌不起眼且充满风雨及烟火痕迹的老房子当中，同样错落着一些独特的区段、隐匿的遗迹或具有重要意义的场所。譬如与惠福路交会处并向该路稍稍延伸的区段，就是一个以饮食消费为特色的去处。在这T字型的狭长地带，除了地道粤菜之外，还汇聚了全国各地和世界各国的美食，其门面大多温馨典雅。在靠近惠福路口的一条小巷里，有清代岭南大诗人梁佩兰的故居，巷口的"仙湖街"牌坊让人遐想这片城坊水陆变迁的遥远旧事。再往南就是国内赫赫有名的高第街。这是一条东起北京路西连广州起义路的长巷，一般人们对它的认识多是缘于改革开放初期它是国内第一条个体户专业街，这里承载着五湖四海无数创业者的人生梦想和历史记忆。但是这条有着美丽名字的长巷，更是一条其历史可以上溯至宋代的古老街巷。宋时这里已是许多豪门巨商宅第的聚集之地，街巷两侧楼高庭深，栋宇精雅，有记载的大户人家就有南海籍的明监察御史、浙江按察使周新家族；南海籍的诗书画家、陈献章弟子李孔修家族；唐代宰相张九龄的后裔张彦元家族；行医世家而喜读诗书的林钧川家族…… 街北侧的"许地"更有"近代广州第一家族"——许氏家族及许氏宗祠建筑群遗址。而位于珠江边作为北京路南端的终点建筑的天字码头，则是形成于清雍正年间，距今至少有270多年历史，承载着城市的重要记忆。当年两广总督、巡抚或钦差到广州，多是从天字码头登岸然后沿北京路前往位于华宁里（今越华路）的两广总督行署赴任。1839年3月，钦差大臣林则徐来广州禁烟，也是从这里登岸进入城中。革命先驱孙中山也曾多次在天字码头留下足迹，包括1921年从这里登上"宝璧"号军舰北上湖南指挥北伐。天字码头是北京路的一个平实但具有重要意义的街景与建筑。在北京路南段，类似这样像美国城市理论家凯文·林奇所说的值得纪念的具有重要意象特征的地方还有不少。①

置身于北京路，感受是丰富的。它绝不仅仅是作为一个人流物流经

① 见[美]凯文·林奇著，方益萍、何晓军译《城市意象》，华夏出版社2001年4月第1版P.37~P.46

由通达的如排水管线或电缆那样提供简单功能的线性"通道"，它是城市生活中一个具有独特意义的场所，一个在特征与品质方面都相当优秀的公共生活空间。从前述历史的和现实的多种构成元素来看，这条街道极具成为一条伟大街道的潜能。它已经让我们感受到了一条好的街道所应具备的气质。

　　然而，人们依然期望这条街道有更多的改进。北京路确实还有可以发展得更好的很大的改进空间。首先是这条街道两侧建筑的高度时常出现生硬的突变，致使街道的边界轮廓不清晰，尤其是在作为步行街的北段，一座数十层高的百货大楼突兀于普遍3~5层高的建筑之上，建筑高度的节奏被顿然打破，街道的边界也变得模糊难辨。而与这些突然高耸的建筑形成对照的是，这里许多建筑的高度则略嫌不足，甚至一些路段的建筑高度要小于街道的宽度，因此街道缺乏像意大利罗马著名的朱伯纳里大街那种令人愉悦的"强烈的垂直感"。一般认为当街道的高宽比大致达到2:3的时候，街道就会获得体现完整性的闭合感，而最优秀的街道必须形成一个完全闭合的空间。北京路这种闭合感不强，因此空间界定变得相对微弱。

　　其次，北京路上精致的地域建筑或具有较高艺术含量的建筑不多。从建筑艺术角度来看，除前面提到过的之外，这里沿街建筑的立面大多是普通乃至平庸的。许多建筑的细部处理，包括屋檐、门窗、柱廊、灯饰等都略嫌粗糙。街道北端那栋仿欧洲文艺复兴时期建筑风格的省财厅大楼，在这里实属绝无仅有，即使如此，它作为整条街道的主导建筑，其艺术穿透力和建筑自身的体量也不够震撼。至于南端的天字码头建筑，则只是普通至极的近作，既无艺术又无历史。整个北京路沿线，缺少可供欣赏的令人流连忘返、足以作为地标的精致建筑艺术。当街道因高宽比不合理已造成闭合感不够强，而两侧建筑又平淡无奇的时候，人们很难对街道产生高度舒适与愉悦的感觉。

近代商都旧貌可寻的人民路

　　毫无疑问，人民路是昔日广州一条重要的街道。它不仅是地域特色街道的典范，而且具有开放的品格，能够在相当高的层次上融会世界各国街道建筑的风格。尽管这条街道现在已经显得有点陈旧甚至杂乱，但是沿街特别是在人民南路一带，依然可以看到广州历史上最好的骑楼建筑，并且可以从中寻找到罗马建筑、文艺复兴时期建筑以及哥特式建筑等多种风格。相比起其他街道，人民南路一带的骑楼建筑宏大高峻而且精致，它们沿着街道两侧密集排列，这种景观令人不由得想象起这街道昔日的繁华盛况。

　　我时常感觉，人民路多多少少有点像杏港九龙的弥敦道，特别是在平面走向形态上相当类似。弥敦道南北纵贯九龙半岛，作为老城的主要街道直抵南端的维多利亚港。人民路则是南北纵贯越秀、荔湾老城区，同样作为一条重要传统老街，直抵南端珠江边的西濠口码头，此处临近江面宽阔的白鹅潭。然而这两条街道的现实状况却差异很大，其功能状况也截然不同。人民路的发展始终兼容了各种制约因素。特别是1986年几乎在全路段上加建的高架路，使人民路主要作为一条跨越老城区的南北快速通道，主功能十分突出。它被认为是城市交通线网体系中的重要干线。20多年来，人民路头顶上的高架路夜以继日地输送着城市南来北往、风驰电掣的高速车流，从不停息。

　　但是，将人民路作为一条快速通道合适吗？我们在老城的这一区段真的需要一条这么快速的通道吗？从街道的传统和居民的现实生活上看，人民路不是那种为简单的交通目的而存在的纯功能性的街道，它是富有历

左页上图：
在街道上时
常会遇到熟
人

左页右下
图：北京路
的北段

左页左下
图：北京路

史特色的市民户外活动场所和富有魅力的公共空间，具有场所精神。管理者把它改而设计成主要为密集车流通行的快速通道，无疑是把它降低到了一条下水道的层次，就如克利夫·芒福汀在《街道与广场》一书所说那样，使具有纪念意义的街道变得如同"一条有助于排放高速车流的下水管"。[①] 显然修建人民路高架路是要为城市南北交通提供快捷的便利，但传统城区自有传统城区的节奏，即使城市在整体上有需要，提供这种快捷交通的功能也应该由中心城区外围的通道承担，时至今日则应该由早已建成的内环路和外环路或其他通道来承担。像人民路这样的中心或传统城区的街道，应该是为市民步行而设计的，至少是要努力为步行者提供最大的舒适与便利，汽车为此应该退让。事实上，这里普通市民日常生活更多使用的是公共交通工具，显然与这条高架路关系不大，至少是关系不很直接。倒是自从高架路建成之后，人民路作为城市生活场所和独具特色的公共生活空间的丰富功能迅速消失，沿路的环境品质大受影响，最终导致了一个城市中心商业区的衰落与消失。

如果说人民路高架路曾经为缓解城市交通紧张状况发挥过很大的作用，而如今它的这一历史使命大概也已经完成了。因此进入21世纪之后关于拆除这条高架路的提议与呼声不断出现。人们希望还原一条具有历史人文气息的真实而舒适的人民路，并且相信一旦拆除了这条横亘于街道之上的高空通道，人民路洗尽铅华依然是会展露出它的固有美态的，而它曾经被遏制扼杀的丰富功能也将会逐一得以恢复。

可能有人会担心，拆除人民路高架路之后城西区片的南北交通紧张状况会加剧甚至陷入混乱。但是这种担心实属不必，拆除所造成的短时不适将会很快被新的秩序所代替。因为今日广州的城市交通线网已经不同往日，除了前述内环路和外环路等环城高速通道外，人们还有很多选择。而且，拆除了高架路，打的士上班的白领、私家车主和使用公车的公务员们注定要稍稍早起绕道而行，这将会有效地促使更多的人选择公交车、地铁、自行车以及步行。这对老城区来说实在是一个好的结果。还原一条没有高架路的人民路，只是将被颠倒了的城区街道秩序再颠倒过来，实在不必大惊小怪。从现代城市街道设计准则来看，像人民中路和人民南路这样

① 见[英]克利夫·芒福汀著，张永刚、陆卫东译《街道与广场》（第二版），中国建筑工业出版社2004年6月第1版P.145

上图：人民南路与沿江路交会处。

下左图：人民路建筑的细部。（摄影/徐晖）

下右图：人民路沿街的密集建筑。

两侧内巷拥有大量居民的街道，设计上应该为居民提供便捷的通道，但不鼓励机动交通；允许机动交通，但不为其制造便捷设施。[1] 这是为以步行为主的公共活动空间提供舒适便捷服务的以人为本的现代城市街道设计准则。这个准则的出发点之一，就是把街道特别是具有历史文化和区域特色意义的街道看作是人在其中活动的场所与空间，就是要突出考虑人的活动与社区生活的方便与舒适。一些城市工程师有一种很浓的"天桥情结"和"高架路情结"，面对交通问题，解决办法变得如此简单：把街道封闭起来或者割裂开来，修天桥，建高架。这种做法屡试不爽。然而人们很难想象巴黎在巴士底广场向西沿香榭丽舍大街修建一条高架路并且直通德方斯新凯旋门，以此作为右岸的东西快速通道；同样很难想象香港在九龙沿弥敦道修建一条高架路向南直抵尖沙咀，以此作为九龙的南北快速通道。上海会在主要商业街淮海中路或者沿文化特色街福州路向东修建一条直通外滩的高架路吗？其实在城市中心城区或传统特色城区，类似天桥与高架路之类设施，由于对市民的步行活动和社区生活极其不便，应该是不得已才为之。这些设施只提供"管理"的方便，不能给广大市民提供舒适与便利。

显而易见，带有高架路的人民路并不在好的街道的考察范围之内。这里只是想象在没有高架路之前或假设拆除了高架路之后，人民路作为一条具有历史传统的商业区域街道所呈现的特点与品质。

人民路是广州南北走向的主干道，南起沿江西路西濠口，北至环市西路广州火车站，全长4560米，宽31米。这条街道大部分路段原是城市的西部城墙，20世纪20年代开始拆除城墙修筑街道，由南至北包括了原来太平南路、太平北路、丰宁路、长庚路。解放后又修建了虎长路及以北路段。现在人民路全路分为南、中、北三段，由沿江西路至上九路、大德路路口为人民南路，往北至中山路为人民中路，再往北为人民北路。可以说，漫步在人民路上，大体也就是漫步在旧日城墙的基址上。

人民路具有作为一条好的街道不可或缺的最基本条件。首先，最重要的是，人民路不仅能够为大众交通工具甚至私家车提供舒适、安全的通道，更能够为步行的人群提供便利与乐趣，使人们能最大程度地融入城市

① 参见[美]迈克尔·索斯沃斯、伊万·索本－约瑟夫著，李凌虹译《街道与城镇的形成》，中国建筑工业出版社2006年9月第1版P.141～P.143

环境中,它一直是人们步行的曾经相当良好的公共场所。除了靠近上九路口和西濠二马路口等的路段之外,这里大部分路段的人行道上,其人流量指标即每分钟、每米宽度上通行的人数,大致都可以控制在5~15人之间。在这样的步行环境中,基本上所有步速都能够实现,更可以闲庭信步、不疾不徐地行走。这里既可以三五成群边行走边交谈或做其他事情,也可以置身于密集人群中旁若无人地独自周游。这是人民路作为公共生活空间的一个重要特点。

其次,人民路的中山路以南路段,即作为全路主要路段的人民中路和人民南路,具有环境的舒适性。在这里街道有足够的宽度却又不会过于宽阔,大约是31米。广州气候夏日炎热,但是不过于宽阔的街道使行人在骄阳之下能够较多得到街道两旁建筑的阴影的遮蔽。尤其是,人民南路有建于20世纪20~30年代的广州最好的骑楼街,这些骑楼建筑比起上下九路或恩宁路的骑楼建筑要高大宽阔得多,对于夏日遮阳和遮挡降雨都极佳。尤其是人民南路东侧那些连续不断的骑楼廊道,即使是烈日当空或刮风下雨也可以让人持续行进,活动不受影响并且感到舒适。

此外,人民路特别是其南段有相当悦目的景观。这里建筑密集、行人流动、招牌闪亮,视觉信息丰富而不杂乱,具有颇为合适的物质运动属性,为行人视觉的丰富变化提供了可能。正如前面提及的人民南路那些骑楼建筑,在营造了连续统一的街道空间领域感同时,又呈现出不同的风格类型,从中可以找到罗马建筑、文艺复兴时期建筑以及哥特式建筑等多种风格。其中位于人民南路与沿江西路交会处的仿古罗马式建筑新华大酒店,以连续的具有明快韵律与节奏感的拱廊,清晰凸显了古罗马建筑的拱券形式特征。在其北面的仿古典主义的新亚酒店则以严肃精致的柱式建筑,完美表现了古希腊爱奥尼柱式的华贵美感。大约在原太平北路与丰宁路之间即今人民中路一带的广州早期骑楼建筑,则是中西合璧式又或南洋式风格,具有独特的装饰效果。尤其吸引人们视线的是街道两侧这些建筑的立面所呈现的光影变化。这里密集的具有较强垂直感的建筑,其正立面往往有着复杂的细部,各种柱式、檐部、阳台、门窗、山墙等构成精致的体和面,尽管久经岁月侵蚀却依然清晰可见。这些复杂的细部敏捷地捕捉着光线的瞬间变化，与每个活动的窗子及当中的居住者一起，共同表现出充满动感的日常生活氛围。随着阳光在街道上每日由西而东的移动，那些建筑细部也变化丰富，分外动人。当夕阳下一抹霞光洒在东边建筑的顶端，下方是交通灯催促下的匆匆人群，城市生活可供无限想象的特有气氛也就清晰可感。

良好的街道总少不了维护与管理。这方面人民路原本一直是相当欠缺的。但在为迎接2010年广州亚运会而全面推行的街道改造工程中，人民路南段作为迎亚运主要干道而纳入建筑立面整饰的重点项目，沿线2.6公里达10.6万平方米的建筑外立面得以整饰，涉及超过300栋建筑物。此次整饰注意保留原有大部分建筑的结构，凸显原有建筑的风格，使整条街道的品质得以彰显，特点更为鲜明。尽管人们对所谓"穿衣戴帽"工程有许多非议，但街道也总算由此得到了一些维护。

除了那些不可或缺的最基本条件，人民路还具有作为一条好的街道的其他一些优势。首先是它的可达性，即人们能够并且可以较轻易地步行或乘车从街道以外的某个地方来到街内，也包括以同样效能在街道内部的一个地点到达另一地点。人民南路和人民中路南北纵贯于城市中心，传统城区大部分区域的人们都可以轻易步行而来。像世界上那些最优秀的街道如罗马的朱伯纳里大街或巴塞罗那的兰布拉斯大街一样，人民路似乎最初就是为行人而设计的，这里甚至有类似集市那样的专业市场。人们从邻近街道或其他区域街道步行到这里，并不会觉得怎么费时费力，通常在快慢相宜的行进中感觉总是愉悦的。而街道从南到北又有许多与之交会的主干线道路或其他街道，不计小巷在内，主要的出入口就有23个之多。这样平均不足200米就有一个出入口的街道是很容易找到并很方便人们进入其中的。再就是，这里建筑的密集使街道的多样性成为可能。人民路南段的建筑是一幢紧挨着一幢的，可谓栉次鳞比，即使是两幢建筑之间的小巷通常也是较为狭窄的。这样的建筑密度不仅如前面所述容纳了更多样的建筑风格，而且形成了人民路在物质方面和社会方面的丰富性。

当我仔细分析起人民路所有这些令人雀跃的现实条件与发展潜能时，希望拆除人民路高架路的愿望就更为强烈。这条街道原本可以是相当

人民路的骑
楼颇为高大
且精致

优秀而且可以更优秀的，但是这条横空飞架的高架路使其失去了这些可能。高架路的压抑不仅使原本丰富的街道功能顿然失去，也使这里成了杂乱之地。当然，人民路现今的杂乱也因为管理不善。别的不说，至少一些路段骑楼街内的乱摆卖现象，就使得原本可以通畅的人行道变得堵塞拥挤。还有一些其他不足，譬如多年来沿街一些建筑乃至骑楼建筑已被拆除，而在原址上修建的新建筑又与街道环境不相协调。但是，最为关键的问题还是在于，应该尽快还原一条没有高架路而具有历史人文气息的功能健全的人民路。

人民南路的
新亚大酒店

近代中轴线上的广州起义路

　　曾经名为维新路的广州起义路是广州老城区一条独特而重要的街道。光是从其前后使用的两个名称，就足见它在城市历史中的意义与分量，而且它还位于城市传统中轴线上，其在城市发展格局中的重要性更是不言而喻。仅是这些角度就提供了多种解读的线索，带着这些去漫游这街道，本身就充满意义与趣味。随着漫游逐步深入，在街角处或在屋檐下，又或在某个不经意遇上的街景面前，人们可能还会勾起关于城市的某种思绪，愿意在这街上逗留更长的时间。

　　修建于1919年的广州起义路即当时的维新路，是近代广州一条标准的新马路。广州市从1886年修建天字码头及附近一小段道路开始，新马路建设逐步展开，至1932年制定作为现代街道建设统一规定的《广州城市设计概要草案》而走向标准化。维新路是完全符合当时标准的南北走向的街道。定名为维新路，一般说法是因为该路穿越清代衙门如抚台、按察司等拆建而成，寓意维新变革。1966年改称广州起义路，以纪念1927年共产党人领导的著名的"广州起义"。如今，广州起义路仍然是一条重要的南北向城市干线，北起中山五路人民公园南界，南至沿江中路海珠广场，全长1220米，宽14~22米，街道的肌理、结构基本得以保持，原有风貌依旧可见，街道的起始与结束也没有改变。

　　漫游广州起义路，基本上不需要路标引导与辨认，老街坊们大多会有一种类似家园感的内在认同意识，能自然而然就准确地走在那里。街道的长度和空间尺度都很适度宜人，这使外来旅游者们也易于把握。乍看上去，可能你会觉得这条街道相当平庸普通，从南到北好像没有什么起眼的建筑，似乎也没几幢房子有多高的建筑艺术能令人留下深刻印象。但这并不妨碍我们对这条街道的好感。首先对于市民来说，这种感觉是因为对它熟悉。今日的老街坊们从有记忆开始就知道了在其生活圈中有一条如今叫做广州起义路的维新路。时不时从这里走过,弯曲的街道,两旁种有南方特有的榕树,宁静是它的特征。那时广州市公安局、华侨中学和广州教师进修学校相间坐落于此,高第街口附近还有一间铺面不大但相当有名的白雪冰室,路的南北两端分别联结着海珠广场和中央公园(即今人民公园)。再就是对于外来旅游者来说,只要稍微了解一下这条街道的来龙去脉,就能或多或少被这弯曲街道的宁静氛围所感染。这里宁静的街道氛围能够令你静下心来带着思索的志趣,心无旁骛地沿街漫溯。

　　稍加了解就可知道,广州历史上最早的书院之一、建于宋代的濂溪书院就位于广州起义路,位置在当时的春风桥北边即今街道西侧的马鞍街一带。① 这座广州的濂溪书院与当时各地设置的濂溪书院一样,是为了纪念宋朝学者周敦颐而建立的。周敦颐(1017—1073)字茂叔,号濂溪。这位理学造诣很深的湖南道州人曾在广州担任广东转运判官、提点刑狱等职。据说他的理学思想在生前并不怎么为人知晓,学术地位也不高,但他精通政务而且"胸次洒落如光风霁月"。他的两个弟子程灏、程颐后来成为著名理学家。南宋时期周敦颐的理学得到尊崇,理学集大成者朱熹对他评价很高,并为他的著作《太极图说》、《易通》作注解。那时各地都设置书院纪念这位哲人。广州春风桥北的这座濂溪书院,正是建于此时期,但在元代时遭到毁坏。如今马鞍街内书院故址之上,矗立着连片的青砖石脚及坡形瓦顶的密集民居,周围更有大量近30年来所建的多层现代民居,春风桥当然早已化为尘土。据记载,明清时期濂溪书院先后在药洲西边奉真观旧址(今教育北路北段西侧)和粮道旧署(今万福路北侧清水濠)重建。除了这座与禺山书院、番山书院一同作为广州历史上最早一批书院的濂溪书院之外,广州起义路后来还有一座千顷书院也颇有名气。建于道光年间的千顷书院原本是梁氏宗祠的所在地,这里也是大学问家梁启超在广州的故居。20世纪40年代,一群意气风发的西南联大毕业生租用此处创办了长风中学,也就是今广州第六中学的前身。经历世事变迁,千顷书院故址如今成了华侨中学的静静校园。走在街道上不期而然地想到这些,会令人感到城市时空变化的神秘莫测。

右页上图:起义路南端的27层高楼和广交会旧址曾经是广州的标志性景观

右页下左图:起义路小景:等车

右页下右图:地铁2号线直通起义路南边的海珠广场

① 见[清]仇巨川纂、陈宪猷校注《羊城古钞》,广东人民出版社1993年12月第1版P.193~P.195

对广州起义路好感的另一个原因，就是我们可以在那些"庸俗"的最普通的建筑中看到了城市区街之美。沿途有百汇广场、建业大厦、合润大厦等多幢现代高层建筑，但它们都不是广州起义路建筑的主体。在街道两侧形态各异的榕树掩映下，那些3~4层高的老房子有着质朴而又精致的结构线条，一些以青砖建造的楼宇，尽管挂满商业招牌或有其他杂物，但仍可以从中发现它们中西结合的建筑的精致美感。我还特别注意到，在树冠遮蔽下的阴暗的墙体以及黑暗的窗户，有一种静态的神秘，暗示这里是可以宁静栖居的生活港湾。这些老房子与它窗前楼外的老榕树所构成的景致，就如西雅图华盛顿大学建筑和艺术史教授格朗特·希尔德布兰德在分析此类模式时所说的那样：与人类居所的原形非常类似。

然而在我看来，广州起义路最令人愉悦的是它那弯弯曲曲的街道。这种弯曲使街道景色变化丰富，行走其中有步移景异的感觉，这是一种独特的城市街道魅力。就如英国城市理论家克利夫·芒福汀所说那样："欣赏曲折街道的不拘一格是一大乐事，或者带着一种持久的兴奋，期待每个角落的展开或是小巷里难以预料的左右拐弯能带来画面般的景象"。[①] 我翻阅资料时才发现，原来当年修筑作为城市中轴线重要线段的维新路时，市政当局为了避开千顷书院而绕了一个大圈，因此才形成街道弯弯曲曲的形状。我不禁悄然起敬，早在90多年前，广州城市建设者已经懂得尊重具有意义的建筑以及作出符合人性特点的街道设计，并为此不惜将城市的中轴线调整弯曲。我们已经无从知道当时作出这种决定的具体过程，只是看到因此留下来的城市中轴线呈现曲线的现实——富于变化之美的维新路即今广州起义路。芒福德在谈及中世纪的城市规划专家对弯弯曲曲的街道的关怀时说："一个步行人留下的自然痕迹是一条稍稍有些弯曲的曲线（除非他有意要克服这种自然倾向）……这种步行者一旦留下的曲线，它的美成了中世纪建筑的特点，也表现在中世纪后期和文艺复兴时期的建筑，譬如完美无比的牛津大街。"[②] 我们之所以觉得平庸普通的广州起义路总是有着某种莫名之美，总能带给我们某种难言的愉悦感受，原来其中一个重要原因是它的设计和尺度符合人的自然倾向。

前往这条街道同样是非常方便的。长度1.2公里的全路段共有中山五

① 见[英]克利夫·芒福汀著，张永刚、陆卫东译《街道与广场》，（第二版）中国建筑工业出版社2004年6月第1版P.157

② 见[美]刘易斯·芒福德著《城市发展史——起源、演变和前景》，中国建筑工业出版社2005年2月第1版P.323

路、西湖路、惠福路、大南路、大德路。大新路、泰康路、一德路等7个主要的街道出入口，平均不足180米就有一个。连同高第街、维新横街、马鞍街等较阔的横巷在内，出入口就更多了。出入口也清晰可辨。这种尺度的街道脉络和肌理，应该说对人们是具有极强吸引力的。

广州起义路还有一个基本优势，那就是街道建筑大致上的整体协调。这里的建筑多为2~5层，很少有在高度上的大起大落。建筑的类型并非一致，但在风格上能彼此和谐协调。建筑外立面的色泽和材料不尽相同，甚至有较大差异，但不会有突兀的感觉。一条好的街道并非都得靠多么了不起的宏大建筑来支撑，广州起义路似乎没有这种建筑，它是平实的，然而这是一种连贯协调而且具有美感的平实。特别是沿路排列的树木强化了这种整体协调感，种植有树木的街道总是令人愉悦的。

尽管广州起义路未必完全称得上绿树成荫，一些树木还是略嫌细小树冠未够浓密，但可以说树木对这条街道贡献很大。广州起义路全路段均种有树木，这不仅使行人能够得到树阴遮蔽的凉快，据说绿色还能使人心灵平静，街道的宁静感觉一定程度上正是得益于这些树木。成排的树木还对行人多少起着安全屏障的作用，至少在心理上增加了行人的安全感。对于广州起义路来说，树木更起着美学上的作用。那些高大榕树的浓密树冠掩映着街道两侧的建筑，阳光穿透枝叶的间隙洒落在建筑物的立面上，形成了斑驳跃动、变化丰富的光影效果。这些树木就好像沿街修筑的柱廊，或多或少强化了街道的边界，一定程度上弥补了有些路段建筑参差不齐的视觉不足。这样的街景，在位于街道南端的广州宾馆背后的维新横街角表现得更为明显。

但是，漫步其间人们仍然会感到这条街道的某些不足，这种感觉有时还会相当强烈。对于一条位于中心城区而且处在中轴线上的重要街道来说，广州起义路显然是过于清冷了，甚至有点残旧萧条之感。以人流量指标来衡量，在白天的常态情况下，这里每分钟、每米宽度上通行的人数大多会少于3~4人，感觉趋于空旷。尤其是入夜之后，它与东边仅数百米之遥的北京路对比相去甚远。街道缺乏应有的多样性。这种情况可能是多种原因造成的。其中街道使用功能单一似是重要的问题，这里店铺大多都是经营旗帜印染、奖牌奖杯之类，且这类商品对于市民日常生活来说通常也不是那么重要的。这是街道特色和其他需求如何协调的问题。不过，可能更重要的原因是街道建筑的高度与密度不足，这种不足一方面导致了街道边界不清晰、围合感不强，另一方面也使街道的垂直线条稀疏，未能以建筑的丰富变化促发街道生活的丰富多样。有城市理论认为，当一条街道的高宽比介于1:4到1:0.4之间的时候，人们对街道的感觉是最为合适乃至最为强烈的，又认为优秀街道的建筑应该是很多而不是很少，建筑越多对街道的贡献越大。广州起义路如果希望变得优秀，似乎需要在这些方面有所加强。

或许有人认为，这种多样性及其所引起的变化，会改变广州起义路的悠闲感觉，广州起义路不需要多样性。这里显然是将多样性与悠闲感觉对立了起来，但是促发多样性由此使街道增加趣味与活力，与保持宁静悠闲本色，这两者之间并非绝对排斥而是可以相融共存于同一街道的。就如同巴黎塞纳河左岸拉丁区的圣米歇尔大街，将古旧与新意相融于林阴之下，在枝叶间闪烁的霓虹灯影中既可休闲购物，又可品味香醇的咖啡，这里不远处就有著名的莎士比亚书店。又如同意大利中北部的博洛尼亚城的古老街道，既是宁静休闲的散步场所，又是丰富多样的购物与聚会的地方。广州当然应当有一些街道是冷僻清幽的，但冷僻清幽不属于处在城市中轴线上的广州起义路——它应当是一条雅致悠闲而又丰富多样的街道。

起义路南端
的广州解放
纪念雕像

横贯老城区的东风路

当我们考虑哪一条街道具有成为广州最优秀街道的发展条件时，东风路可能就会凸显出来作为其中一个重要选择。这条街道东西向横贯老城区，在相对狭窄而又弯曲的老城街道中显得笔直、宽阔，具有相当气势。尤其是街道两旁超高层的品质优良的新建筑不断崛起，与原有的旧建筑相互辉映，吸引着过路行人。在这里随时可以感受到现代建筑新材料、新结构与新造型的视觉冲击。这些主要分布在靠近小北路口沿线的建筑广泛使用金属立面、玻璃幕墙、标准构件及钢铁结构，还有大量其他合成材料。这些新材料给人以街道宏观空间的变化中的纯净感。这种感觉来自注重几何形体、数学秩序的精确的技术美，它与沿街传统建筑的特有形式协调形成一种混合美感。正是这种由新旧建筑共同营造的场所效应，在街区既定的环境肌理与尺度的基础上强化了东风路的街道吸引力，并赋予了它走向优秀的发展潜能。

东风路约为40~45米宽，全长8公里，分为东风东路、东风中路和东风西路。它相对最成熟并最有魅力的一段，是从东濠涌至中山纪念堂的属于东风中路的大约1.8公里路段。如果从解放北路向东进入这一路段，首先看到的是铝合金立面的广州交易广场，这座高峻的建筑鹤立于低矮的旧街景之中。接着是一片绿树葱茏的开阔空间，呈八角形的宫殿式建筑中山纪念堂矗立其间，这座建筑艺术的杰作，将民族建筑优美的外部造型与近代西方建筑先进的功能设计有机结合起来，白色花岗石基座，黄墙红柱，宝蓝色琉璃瓦顶，尽显华丽高贵。对面是传统风格的市人民代表大会的办公大楼。从这里往东，越过了省政府和4星级酒店广东大厦之后，是越来越密集的超高层现代建筑，依次是金碧辉煌的国信大厦、湖水蓝玻璃幕墙的小北商务广场、呈南北双塔造型的越秀城市广场、楼顶有优美弧线的曾经作为东风路地标的时代地产中心（即原健力宝大厦）、结构线条简洁和立面幕墙平整的华以泰国际大厦，以及建银大厦、粤财大厦、达信大厦、东照大厦、粤海集团大厦、嘉业大厦等。这些建筑的外立面多为玻璃幕墙或玻璃幕墙与花岗石相结合，色泽除国信大厦为金色之外，大多采用湖水蓝或湖水绿色。也有全采用石材立面的，譬如215.1米高、52层的粤财大厦，立面为坚实的石材，令人想象这是一座无比坚固结实的建筑。有趣的是，在这宏伟高峻的粤财大厦正对面的东风路与德正北路交会处，矗立着一座仅4层高的旧式小楼，外立面为略显老派的土黄色，线条颇感精致，形成一种协调的对比。位于不远处的著名的正骨医院小楼，与四周建筑的对比也有类似这种透露街道历史信息的效果。重要的是，所有这些建筑构成的整体高度，与这条老城区中少有的相对气势恢宏的街道的宽度对比是恰到好处的。这种高宽比构成了东风路可能成为一条现代化优秀街道的重要条件。

沿着5~8米宽的人行道游走，人们会发现，在这些低矮的老建筑和陆续崛起的新建筑中，可以找到许多我们生活中需要的设置，包括中西式快餐馆、粤菜以及湘菜乃至其他地方美食的餐厅、时装皮具店铺、保健美容店铺、银行或证券公司等等。这些东西悄悄地冒出来了，会在你不经意的时候被发现，尽管现在还远说不上丰富。由此推想，街道的吸引力可能会逐步增加。

街道上种植有规整排列的路树，看上去尽管树形还未够高大，但那些茂密的枝叶足以在街面上形成树阴。在较宽阔的东风路上，这些树木增加了人们对街道空间感觉的舒适度。绿树丛中，新近装上的高大美观的"中华灯"格外醒目，它们烘托了街道的竖向感觉，尺度更宜人。在春季多雨或灰霾笼罩的时节，街道弥漫着阴郁凝重的氛围，但无论白天还是黑夜，这里的高大建筑物及窗户内的灯光还是会给人补偿一点明快的愉悦。而在秋冬晴朗的时节，当清晨太阳升起时或傍晚夕阳映照下，阳光柔和地照射在远近建筑物的立面上和沿街树木的树冠上，街道的质感与层次感呈现无遗，所有景物边缘清晰，色彩也变化丰富，感觉清爽，沿街景致颇具魅力。

作为老城区
东西要道的
东风路

东风路平时行人不算太多，但在上下班时间则会有不少匆匆过路的人。在靠近小北路口附近行人会较多。小北一带充满市井生活气息的繁闹，顺着小北路多多少少或会延伸过来。在东风中路，此类紧邻的密集街区还有多处，包括洪桥街、广卫街等，它们作为东风路的"后街"，给这里带来了基本的人气，提供了东风路所需要的商业支持。高峻挺拔的小北商务广场后面不远处，就是风情古旧的小石街，街中民居密集。稍往东情况也大体如此，从建银大厦向北转入法政路，不足百米就是密集的居住区。其实整段东风中路就横亘于老城的居住区中，沿路向南北两边稍走不远就可看到连片的传统民居。

　　某种意义上，东风中路可以说是整条东风路最为精彩的主体路段。不过东风东路和东风西路也并非停滞不前，平庸依旧，而是各有不同程度的发展。东风东路靠近东峻广场和农林下路一带，新建筑林立且造型各异，街景壮观；东风西路嘉禾苑与流花湖附近，静中有动且有吸引人的无敌湖景，逐渐聚集人气。这样一条东西向横贯老城区且又颇具气势的东风路，实在是广州不可多得的可堪造就的重要街道。

　　城市设计者的最新设想，是要将东风路打造成为高级写字楼云集、总部经济集聚的甲级商务圈带。进而又确定以东风路为界，将该路以北至越秀区北部区界的16.2平方公里城区建设成为超大型CBD（中央商务区）；路以南至该区南部区界将强化广府文化发源地、千年商都核心的区位优势。[①]设计者意图是，由此推动属于越秀区的东风路南北两边的区域成为大广州的核心区。与此同时，在广州市旧城改造规划中，东风路大部分路段处于规划的风貌协调区，将在保持历史旧城原有格局、肌理、尺度、色彩基础上纳入改造，使之再现地方传统文化和生活特色。[②]由此可见，东风路对于广州的重要性已经被一再确认，并且在未来城市生活中被寄予了很大的期望。

　　在这一连串的规划中，东风路在2009年完成了一次西起西场立交，东至梅东路口的全长达7.63公里的大整修。车行道加铺SMA沥青面层，提升了路面质量和景观效果；拆除道路中间的旧式护栏，设置宽度为1米的中间绿化隔离带；人行道铺装红色砖和黄色导盲砖，设置全宽式无障碍通

①参见《南方日报》2009年12月30日广州新闻·社区版A Ⅱ03

② 参见《南方都市报》2010年1月26日"广州读本＋头条"版A Ⅱ03

道；路面各式检查井采用可调式防沉降新型井环盖，改善路面平整度及便于维修，令整条街道更舒适，观感也更佳。这条由20世纪早期的德宣路和德坭路等多个路段连接发展而来的老街道，不仅成就了作为一条现代城市街道的历史性演变，如今又面临着走向更优秀的重要机遇。东风路在广州城市格局中的区位及现实优势，使它配得上这一宏伟的发展愿景。

但是，东风路无论是作为一条老城区富有特色的生活居住的街道，还是力图作为超大型中央商务区中的总部经济集聚的甲级商务圈带，目前都受到一个严重甚至致命的制约或障碍，那就是它作为城市快速通道的单一功能设计及其既成的现实。

1994年4月，广州市为了缓解交通堵塞状况，对东风路实施交通管制，确定东起中山一路立交桥、西至人民北路东侧人行横道线为交通管制范围。根据规定，管制范围内禁止一切非机动车辆通行；在管制区范围内设置道路中间护栏，封闭南北向直行和左转弯车辆通行；行人和骑自行车者横过东风路要走行人和自行车天桥。为实施这一规定，市政部门此前已在街道沿线的主要南北通道上修筑了多座行人和自行车天桥。规定颁布当日起，这条横贯老城区的东西向主要街道进入了南北向封闭时代。

这是广州市交通管理的一大败笔。它对城市发展的损害，尤其是对传统城区中心衰败所起的推波助澜作用，已经充分显现并将继续显现。这种管制所获得的交通上的特别是交通"管理"上的便利和城市为此所付出的巨大代价，实在不成比例。

首先是这种拦腰切割所形成的人为边界，很大程度上阻隔和割裂了越秀老城区南北生活的联系，从而抹杀了这一街道原有的和可能会生发更多的多样性。如同高架路之于人民路，将东风路南北封闭作为快速通道，实在无异于将这条功能曾经并将会多么丰富的东风路，如许多城市理论所批评的那样，降低到了仅仅作为一条排放高速车流的下水道的层次。或者说沦为像简·雅各布斯在《美国城市的死与生》一书中所说的那种在高速公路上所见的"路过的地方"。东风路几乎只剩下仅仅作为快速通道的单一功能。我们是以一条生机勃勃的并且可能更有生机的重要街道的牺牲去换取一点眼前的交通便利。事实上，"把街道定义为一条交通要道，与把街道设计为'通道'是两回事"。[1] 我们的设计者可能是把这两回事混为一谈了。在实地观察中可以看到，现今东风路主要是作为一条通道，在这里看不到那种由混合功能所促发的城市生活的生动活力和丰富需求。即使是在最有景观魅力的东风中路，如前所述，这里平时行人也不算太多，小北路一带的繁闹气息到此即戛然而止，转换为一种匆匆过路的单调景象；在路的西段，规划中的金融中心区迟迟未见出现，许多建筑的工期一拖再拖甚至成为"烂尾楼"。传统城市中轴线正好经过的地方，正是中山纪念堂和广州市府合署办公大楼的所在，但这美丽景点依然冲不破东风路护栏的阻隔，一样欠缺城市活力和生活气息，也未能吸引更多的游人。

　　这条"自我隔离"的人为边界由此损害了老城区生活的整体连续性与便利。不要说炎热的夏天和有雨的季节，就是正常日子，两边的市民包括老人和其他行走不便者，如果不是必须，怎肯轻易跨上天桥？特别是市民那些看似可有可无但对城市却很重要的事情，譬如过马路去买点小东西、光顾一下小吃店，或闲逛观赏、喝点饮料等事情就一概免去了，原本以生活的整体连续性与便利为基础的丰富联系由此消失。从社会角度看这里已陷入相对单一清冷的境地，从经济效应看则使发展受到限制，市民日常活动更大受影响。一个城市街区要有活力，就必须给市民提供街道内在有机交叉使用的方便条件。但东风路上的天桥不能提供这种条件，因此这条路成了一条单调的长街。护栏或隔离带两边的市民尽管距离很近，但却为一线之隔而互不关联。

　　这种对城市生活的阻隔还引致重要的连带影响。东风路的封闭使老城区难得保有的活跃街区——北京路步行街北部的纵深显得浅窄，实际上也就反过来影响了步行街的活跃繁华程度，制约了它的内在有机发展。一个具有丰富多样性的有活力的街区不是突然出现的，它有一定的过渡地带，也即它依托一定的街区纵深。从北京路步行街的北边尽头越华路转入吉祥路或正南路，往北没走多远就是拦腰折断的东风路，实在令人扫兴。所以从这里进入步行街的市民或游人要少得多，因此步行街的北段明显不及它的中段和南段热闹繁华。"成功的街区不是一些互不关联的个体。它们是具体的、社会意义上和经济意义上的连续体……就像是一条长长的绳

①见[英]克利夫·芒福汀著，张永刚、陆卫东译《街道与广场》（第二版），中国建筑工业出版社2004年6月第1版P.144

子是由很多个很小的纤维段组成"。[1] 如果一个热闹繁华的北京路步行街和具有丰富多样性的东风路能够获得有意与无意之中的相互共同支持,广州传统城市中心的这一区域可能会是另外一个模样。

值得注意的是,这条护栏在割裂城区生活的同时,也就阻隔了承载市民集体记忆的城市文脉。尽管东风路依然存在,但是一条失去了城区生活原有大部分功能因而变得单调的东风路对老城区历史文脉的影响,与推土机的效果是差不了多少的。从小北路至仓边路一带是广州城市的发源地,这里多少年来一直是一个生活整体。这个具有时空连续性的历史街区的整体环境、形态结构和生活风貌,承载着历史文化名城的许多整体关联的信息。城区生活与环境风貌的改变影响了这些信息的发掘与保护。此外,原来在日常行走当中很容易感受到的从中山纪念碑到中央公园的中轴线上具有历史连续性的景观,和"黄花岗连红花岗"的苍松翠柏所透露的近现代历史关联的信息,也因这阻隔而被削弱。

因此,从城市整体发展效果和延续旧城历史风貌及格局等角度考虑,对东风路的封闭管理从一开始就是弊大于利的。只是这些弊端的显现需要一个过程。

其实,在东风路这样的传统城区中心的老街道,以及作为发展目标的越秀中央商务区中总部经济集聚的甲级商务圈带,应该是更多地鼓励步行,向步行与机动交通并行而侧重于步行的街道模式发展。中心城区街道最基本的用途就是步行者的社交。"只有在步行的时候,人们才能最大程度地融入城市环境中,与商店、住宅、自然环境亲近,并且与他人进行最亲密的交流……伟大的城市街道通常不仅是车辆通行的伟大街道,同时还是人们步行的公共场所,而步行却是伟大街道上最重要的活动"。[2] 鼓励步行的重要做法就是为步行者提供最大的便利和最好的设施,对于东风路来说,就是取消南北封闭,拆除天桥,让路两边的行人在人行横道线的规则之下可以轻易往还。汽车为此是要退让的。这是让街道回归其本质功能、生发街道多样性以增加街道活力的必需,同时也是改善城区环境、保持城区对市民吸引力的必需。在今日内环路、外环路特别是地铁1号线、5号线等已经建成的情况下,东风路的南北封闭更应该取消。如果从整个城

① 参见[加]简·雅各布斯著,金衡山译《美国大城市的死与生》译林出版社2006年8月第2版P.108

② 见[美]阿兰·B·雅各布斯著,王又佳、金秋野译《伟大的街道》,中国建筑工业出版社2009年1月第1版P.268

东风中路所见

市的大交通着眼，认为广州市还需要在中心城区保留类似的东西向快速通道，那也不应选在东风路，完全可以选择在环市路或其他。实际上，广州市交通状况的根本改善与东风路封闭与否的关系并不像想象中重大，这一点已被事实所证明。而东风路封闭与否却与东风路本身以及传统城区中心的复兴，以至旧城历史风貌的延续与协调则关系太大了。在广州市优化中心城区的"中调"战略中，东风路实在是关键的环节之一。

东风路上有许多省、市重要政府机关，这对生发街道多样性丝毫不构成影响，相反是有益的。从世界现代城市实践上看，将政府建筑与城市其他建筑集中起来，使其互为所用，是一种开放社会的健康而明智的选择。就东风路而言，恰好可以让政府机关和市民一起共同感受、面对和改善这条街道的交通状况，一起见证这条街道丰富多彩的演变，并且见证它最终走向具有现代生活气息、充满多样性的中外著名企业总部云集的商务圈地带。

最具近现代历史感的解放路

对广州来说，解放路是最具地理方位感的街道。它起始于老城区珠江边。不少市民从小就知道，沿着街道一直往北就可以走出市区，到达离城市最近的乡村。解放路又是最具近现代历史感的重要街道。1949年10月，人民解放军的先头部队就是首先从这条街道进入市区的。解放路由此而得名。街道的最北端在清代有大北门，北门外就是闻名中外的三元里村——我国近代民众抗击外来侵略的最富有诗意与激情的纪念地。

解放路是纵贯广州越秀老城区的南北走向街道。这条街道早在明清时代已经是城中的重要道路，南段是小市街，中段称四牌楼，北段为大北直街及城门外的小路。民国时期全路段扩建为中华路。20世纪50年代更名为解放路，分南、中、北三段，全长约5.7公里，北段一直延伸至三元里人道与机场路交会处。街道的结束处或者说三条街道的交会处呈"Y"字形状。

从这个交会处沿路向南漫游，途经梓元岗、桂花岗，越过大北立交，再经兰圃、越秀公园、象岗山，然后又越过东风路、走近中山路……人们首先看到的是长达数公里、时而宽阔时而略微缩窄的尺度不太规则的解放北路的北段。从这一段路完全可以观察到在近20多年的城市扩张时期，解放北路自南向北所经历的从近郊到市区的递嬗演变痕迹。这一段路，作为城区街道的感觉，越往北是越不强烈甚至是微弱的。沿路的公园、树丛以及横贯其上的铁路，处处遗留着城市边缘的郊外景色。路两边的建筑大多稀疏而不规则，不仅退进的距离不一，高度也参差，不同于通常城区街道所特有的连贯的场所空间氛围。散落的建筑大多结构简单平淡，明显带有城乡结合部建筑的特征。位于桂花岗北侧的金桂园小区则自成一统，高楼拔地而起，具有一定的密度。中国大酒店对面的新以太广场是在越秀山脚辟山而建，人行道格外宽阔，但其南边不远的建筑却紧贴机动车道，几乎没有人行道。所有这些观察都在显示，解放北路特别是其北段，正处于从近郊流通通道即通常所说的马路向典型的城区街道过渡的阶段。

越往南行，建筑密度越高，街道两侧的老房子逐渐呈规则的排列，有些路段的建筑高度和街道宽度的比例也变得较为适宜。但即使这样，解放北路作为城区街道给人的感觉仍然是相当初始的，街景也显得纷杂琐碎，总感觉那只是一条交通要道。一般城区街道的交会处往往是表现该街区特色的景观要点，但这里的交会处恰好是欠缺基本设计的。解放北路与东风路交会处，除东南角是金属立面的高层建筑广州交易广场外，其余东北、西北、西南三角，或者是拆迁多年的空地用作临时停车场，或者是与街道宽度不成比例的低矮粗陋的店铺，加上高架路与天桥纵贯其上，整个街道交会处的景观基本上没有可观赏性。再往南与百灵路交会的丁字路口，情况大体如是：北边是拆迁空置的临时停车场，南边是低矮粗陋的简易店铺。在解放北路从中山路到盘福路口的路段，沿街有多处更为低矮粗陋的密集联排的临建店铺，使街道显得平庸乏味。

不少城市形式理论认为，街道与作为流通通道的马路应该是有区别的。城区街道作为社交的场所，应该具有一种空间氛围以及相应的形式。而"一条优秀街道的形式特点之一是能给人归属感的'围合'，即在街两边设置延续不断的建筑"。[①] 这种围合形式或者说闭合感是城区街道的典型特征。解放北路在东风路以北路段的空间氛围和围合的形式恰好是微弱的。

进入解放中路，情况即有很大变化，所见的是两侧建筑密集排列、楼宇之间紧密接合或距离很小的传统城区街景。视觉的重点是由所有建筑物构成的整体景观，而不是单个的建筑。建筑的尺度都很小，立面有较精致的细部，多为2~4层的砖木结构，残旧中隐约遗留一丝优雅气息。尽管1995年解放路扩宽道路时大量拆除沿街建筑，这里最具特色的骑楼式房子已不复存在，不过人们依然可以从扩路拆迁时遗留的临街建筑残缺的墙面框架，感受到原来街道的高密度，以及当中的市民生活的场所氛围。尤其

①转引自缪朴编著，司玲、司然译《亚太城市的公共空间——当前的问题与对策》，中国建筑工业出版社2007年5月第1版P.142

是在中山路以南至惠福西路口两侧一带，这些中心城区老街道的特征清晰可感。像这样的街道，以许多城市设计理论家的角度看，就是在视觉上或形式上有"文化味"的街道。与解放北路特别是东风路以北路段相比，这一路段确实具有某种文化的形式。

解放中路东侧矗立着中旅商业城、中羲大厦等高峻宏大的新型商厦或住宅楼宇，这都是些能够很好地烘托街道感的建筑，它们没有高傲地自我突出，而是以沿街的骑楼廊道顺着街道的走向将自己融入于街道。在它们的左右及后面，可以看到密集仄逼的街道旧建筑。中羲大厦正对面有条远近闻名、街坊熟知的学宫街，西连米市路，是元代至清代时南海县学宫的门前街道。这条至少存在了700多年的古老街巷，是解放中路所在的街区具有古老历史的现实明证。事实上，仅仅在10多年以前，解放中路两侧原来还有连片的近代骑楼建筑，它的内街巷道纵横稠密，充满风雨烟火痕迹和市井生活味道。解放中路显然是一条典型的旧城老街，遗憾是它遗留的历史景观已经消失。

在这里探寻一下学宫街以及附近的陶街是一大乐趣，如果你稍微知道这些旧街巷的历史，可能更会有一种持久的兴奋。如今的学宫街是一条窄窄的小巷，行走其中你会看到市井生活已经将当年学宫的痕迹彻底覆盖了，但你还是会期待着在哪个角落里突然发现一些元代崔菊坡祠或清代南海县学宫的残余遗迹，同时想象那户户旗舍、飞檐高阁的虚渺景象。稍往北的陶街，是近30年以经营电器元件而远近闻名的内巷，但未必很多人知道这条内巷是因明代陶成、陶鲁两父子而得名的。陶成是明代广东布政参议，在督兵平乱战斗中阵亡。其子陶鲁是湖广布政使兼广东兵备副使，也在平息叛乱、维持社会秩序中屡立战功，在民间威信甚高。朝廷曾下诏褒励，并在陶鲁死后30年在此修建了忠勋祠，供百姓祭祀这俩父子。市井百姓由此逐渐将忠勋祠所在的这条街巷称为陶街。清代在该祠故址上修建公衙门，分为左司衙门和右司衙门，为当时"满汉八旗传宣政令会办军务之所"。[②] 尽管忠勋祠消失了，但陶街的名称却继续流传至今。如果愿意探寻，在解放中路纵横交错的内街窄巷中，类似的故事还有很多。与街道形式结构上的"文化味"相对应，解放中路在内容意蕴上同样具有丰富的历

②见黄佛颐编纂,仇江、郑力民、遲以武点注《广州城坊志》,广东人民出版社1994年12月第1版P.318~P.319

南北走向的解放路是最近现代历史感的重要街道具史感的街道

史文化构成。

当南面一段引桥已经清晰可见，甚至珠江对岸的建筑也历历在目的时候，就是说已经到了解放南路。这时街道西边出现了连片的高层建筑，包括出入境大楼、解放大厦、金汇大厦和万菱广场等，直逼江边，颇有气势，由此形成了街道的一段现代建筑高潮。在这景观中街道的垂直感特别强烈，视觉尤其丰富。这里再次印证了关于有趣的可堪品味的城区街道的重要原理，即每一座建筑都不是中心，似乎它在设计上就没有自我突出的意图，而是谦虚地作为组成部分，由所有建筑共同构成一个整体景观。这些建筑组织得紧凑严密，每座建筑立面两侧的间隙大多是狭窄甚至封闭的，旁边通向街道的巷道通常也是较窄的，由此营造了一个连贯的垂直线条密集的效果。同时注重立面设计，在建筑景观上已经提供了多样性，增加了街道的视觉趣味。但是解放南路两边很不一致。与西边由高大建筑组成的街景相对应的，是东边沿街排列的低矮粗陋的临建店铺，视觉反差巨大。这种反差几乎完全抵消了西边街景刚刚给人的一点愉悦感。

其实，在广州城区，类似解放南路这样两边景观欠缺基本对应的街道几乎到处可见。人们简单地对待沿街建筑，忽略通过对沿街建筑相互关系的恰当处理来营造街道的场所氛围。在金汇大厦和万菱广场的对面，那些临建店铺前的人行道纷扰杂乱，难以通行，景观不协调，自然也就谈不上解放南路的东西两边相一致的场所氛围了。但这样分析也似乎苛求了解放南路。广州是一座注重现实生活的城市，这里及附近一带顺应城市发展而历史地形成的精品、鞋业等批发与零售店铺，与市民生计息息相关，这似乎比街道的美学形象协调更重要更实在。在街道环境整治工程中，那些不规范的粗陋的店铺，只能等待数年后规划中的大都会鞋城等项目建成后才能拆除，最后完成街道的整治。

解放南路的终点景观是沿江中路的浪漫长堤，以及横空飞架珠江两岸的解放大桥。这一终点景观对于整条解放路来说是极有意味的，一端是白云越秀，一端是珠江桥岸，街道的这种起始与结束巧妙地表征了一个山水之城的理念与意境。解放大桥的造型被喻为中规中矩的跨越珠江的"三道连续的彩虹"，即使在夜间霓虹绽放着光彩时，它也是平实无奇的。它没有震撼人心的艺术美感，但却赏心悦目，静静承载着两岸的交通。它的平实无奇，实在也是整条解放路的现实写照。

在纵贯老城南北的解放路，还有一南一北的两处建筑是值得一提的。先说北边的，那就是位于解放北路524号、现为广东省政府参事室及文史研究所的原民国时期广东巨富霍芝庭的故居。南海人霍芝庭一生积聚财富无数，早年经营铁器手工业和承揽军需品供应，后来先后在宋子文、陈济棠等支持下从事赌业，并以此协助广东地方政权筹措财政，成为名盛一时的"赌王"，鼎盛时期财富实力曾经足以影响全省金融运作，1936年广东禁赌之后不久病逝于香港。建于20世纪30年代的这座大楼，是霍芝庭的居所及他的财富王国的大本营。别的不说，光就建筑而言，这是一栋淹没于旧城区无数普通房屋当中的精致的老建筑。大楼坐东向西，高五层，属仿古典主义建筑风格，外墙为水磨石米的仿叠石效果，正立面精雕的阳台和多条贯穿上下的垂线，在给人以坚实感的同时又富于立体变化，窗下及檐上等部位有卷草浮雕等雕饰细节，大门有方柱廊道。由于年久尘封，大楼外观现已不怎么起眼，内部也显得残旧，但在楼内稍稍观览，依然可以轻易感受到它的精致典雅和曾经的豪华气派。楼内各开间都相当宽敞。其中大客厅最为宽敞且明亮，它多层打通，上方四周是仿多立克柱拱形回廊，顶部是浮雕装饰的上盖，光线就从最顶层四周连成一圈的高窗中透射下来。站立于大厅中，联想到这座大楼当时所处的城北宁静环境和"赌王"从不参赌的传说，实在可以想象一种人们多所不知的"低调的奢华"。

值得一提的另一处建筑是位于解放南路与一德路交界处北侧的万菱广场。这座楼高达139米共41层的大型商贸建筑，在这里有点遗世独立的孤独感，它一直想充当珠江北岸长堤中心地段的标志性建筑，但是它与占地宽阔的裙楼极不相称的高度以及顶部横腰截断的未完成感，使其成了一个高不成低不就的不伦不类的庞然大物。幸好后来它从百货经营转为玩具精品家居饰品批发市场，且营业面积高达4万平方米，终于聚集了越来越多的人气。它不可能成为老城区南部的象征建筑，却足以成为解放路南端的重要楼宇。它那咖啡色的富有立体感的高大外立面，或多或少提升了

解放路南端的万菱广场总是顾客如云

这一段街景的可观赏性。在这里往一德路稍微深入一点，就可以看到石室大教堂巨大的饰有彩色玻璃的圆形玫瑰窗，以及灰褐色的直指天际的双尖塔。

　　漫游街道总有某些遗憾。具有重要纪念意义的解放路，其实可以变得更好。只要我们清楚街道命名的立意，并且怀着要让街道名副其实的真诚，便不难了解我们需要做的事情。首先，解放路是一条有来历的在时代变迁中具有纪念意义的街道，它的整治与提升应该体现这一点。就如美国弗吉尼亚州里士满市的主要街道纪念碑大街，沿街有多处纪念性设置，包括起始处的斯图亚特纪念碑和位于北方大道路口的石墙杰克逊纪念碑，以及位于斯图亚特环廊的宏伟的李将军纪念碑和位于另一处的纪念碑。[1] 这些设置使纪念碑大街成为一条名声卓著、意义非凡的街道。我们广州的解放路同样应该具有这种设计意识，具体而言，我们应该在解放北路与三元里大道及机场路交会处的"Y"字形路口的北边一侧，设置一座纪念人民解放军先头部队南下入城的宏伟而又精致的雕像，又在与中山路、东风路等的交会处，以及街道终点的珠江边，或其他合适的地点，设置相关的永

① 见［美］阿兰·B·雅各布斯著，王又佳、金秋野译《伟大的街道》中国建筑工业出版社2009年1月第1版P.102

左页图：从北向南远眺解放中路。（摄影/徐晖）

久纪念性雕塑，这样解放路作为一条纪念性街道的意义就将充分凸显，它的吸引力将不言而喻。

　　再就是应该考虑在解放中路和解放南路主要路段，以更高的要求沿街新建3~4层高的连续的骑楼建筑，既展现街道的历史风貌，又赋予它与时俱进的时代气息。这里的关键是不能按原貌复建，应该让人们在这里能够探寻到历史的某些痕迹，满足人们老是想象过去如何优雅的虚妄，同时又感到它已经随时代进步而整个地提升了。这种愉悦感是深层次的。并不是城市或街道历史上所有有价值的东西都需要还原的。著名城市理论家凯文·林奇说，我们保护旧事物，既不是为了它们自身的缘故，也不是企图阻止变化，而是为了更好地传达某种历史感。这当中包含了对变化以及价值观冲突的赞扬。如果要按原样复建解放路原有的骑楼，我们是否还要在这里复建一座四牌楼呢？解放中路原来建有俗称"四牌楼"的进士牌坊，其中的"乙丑进士"牌坊建于明朝崇祯八年（1635）。数百年过去了，"四牌楼"早已在20世纪40年代市政扩路时拆除，然而仅仅在十多年前还有不少市民以"四牌楼"称呼这里，至今也还有不少市民知道"四牌楼"的旧事。如今经修复的"乙丑进士"牌坊正优雅地矗立于中山大学格兰堂的西侧，我们大概没有必要把它重置于解放中路吧？

　　秋季是这座城市的美好季节。当某个晴朗的午后，人们从解放北路北端起始处的纪念雕塑前起行，不疾不徐向南漫步，边观赏街景边重温它的历史，那是一个多么惬意的时光！特别是行走到解放中路和解放南路的时候，那些联排的精致骑楼建筑令你浮想联翩，这座城市的特有氛围熏染着你，这时你知道，只有在广州的街道上，才会有这种感觉。

廊道悠长的上下九路及第十甫路

上下九路以骑楼廊道为街道的最大特色。在广州，许多街道都有骑楼建筑，但没有哪条街道能够像上下九路那样形成并至今保存那样长和那样值得观赏的骑楼廊道。上下九路是上九路和下九路的合称。虽然人民南路的骑楼建筑更高大挺拔，空间较大，被认为是广州最好的骑楼，但它不如上下九路那样连接为绵延不断的长长的骑楼廊道，成为街道的普遍形式。解放路南段曾经也有连贯的骑楼街，但没有上下九路的骑楼廊道长，且已经在20世纪90年代扩路拆迁中消失。感受这种源自地中海沿岸又适应广州亚热带气候生活，随着岁月流逝而最终演变成地域化的骑楼建筑，并且领略当中弥漫着的飘逸的南方风情，上下九路实在是一个好去处。

紧接上下九路西端的是第十甫路，事实上它们彼此是自然连贯的，包括街道两边的骑楼廊道也是延展不断的。从景观上看，它们风格一致，一气呵成，实际上这几条街道是浑然而为一体的。1985年，这段东起上九路，西至第十甫西，全长共1200多米的街道，已经被辟为步行街。就街道形式而言，显然是那些连续的骑楼廊道使其有机联结了起来。

骑楼是一种底层有公共廊道的沿街建筑，它的廊道就是街道的人行道，廊道的外侧是支撑上层建筑的不同风格的列柱，内侧是建筑底层的店屋。有研究指骑楼作为广东民居类地域建筑的代表，是本土文化与外来文化互动过程中的"地域化"结果，并且它是依靠广州的核心作用而发展传播的。[1] 广州的骑楼建筑最早出现在清朝末年一德路石室圣心大教堂一带，之后广泛兴建，在第十甫路、上下九路、中山路、解放路、人民南路和长堤西濠口一带最为集中且气魄最大。但今时不同往日，如今最完整的骑楼街只有在上下九路才可以领略到，骑楼廊道内的人行道有3~5米，高

[1] 见林琳著《港澳与珠江三角洲地域建筑——广东骑楼》，科学出版社2006年1月第1版P.134~P.137

有4~6米，行车道的宽度也不过10来米左右。这种街道尺度最为宜人。尤其是广州气候高温多雨，连续的骑楼廊道是最好的庇护。当然这种街道形式在通风透气方面未必很理想，但当它为你遮挡了夏天的烈日或冬季的寒风时，你会觉得骑楼廊道的存在是令人舒适的。

　　上下九路是一条围合感十分强烈的街道，这种感觉一直延伸至第十甫路。在骑楼下的廊道即人行道内，你会感到它向前后延展的方向感很明显，而左、右及顶部都处于所在建筑结构的围蔽中，当然两侧是颇为通透的，就如同置身于长长的城际轻铁车厢内，廊道一侧柱子外的中央步行道和另一侧的商铺，就是车窗外的风景。即使站立在中央步行道上，街道的观感也是半封闭的，建筑物的高度往往大于街道的宽度，高宽比通常介于1:0.5到1:1之间，街道的空间限定非常明确以至强烈。上下九路以及第十甫路空间边界之清晰，在广州街道中是十分突出的，它的比例尺度属于人们所说那种"人类的亲密尺度"。当然，这种比例还使街道在悠长延展的同时，又给视觉以生动的垂直感。那些密集的绵延

早在明清时期广州西关一带已经形成著名的商业街，上下九路至今繁盛依然

上图：上下九广场最美的时光是天气微凉的傍晚。（摄影/徐晖）

下左图：街道多样性：凉茶。

下右图：街道多样性：小吃。

不断的骑楼是一种审美的愉悦，它们保存着清末民初中西合璧的建筑风格，既有东方特色的满洲窗、女儿墙、栅花、拦河，又有西式的各种柱式、阳台及其他装饰。位于第十甫路的平安大戏院、陶陶居酒家、莲香楼酒家等老建筑都是这里的视觉焦点。其中西方古典风格的平安大戏院厚重而坚实，由仿科林斯柱、阳台和拱形窗等丰富元素组成的外立面繁复而又精致；陶陶居酒家则是一座富于广州传统风格的建筑，楼前有出自康有为手笔的墨漆金字招牌，楼顶上有一个作为标识的六角亭；而莲香楼则混合了东西方建筑的风格，既有精致的爱奥尼柱，也有镶嵌着彩色玻璃的满洲窗和高悬的金漆牌匾。这几座有着数十年乃至上百年历史的老房子，无一例外又都是典型的骑楼建筑，它们共同参与了这条悠长的骑楼廊道的构成。正是沿街这些建筑丰富精致的外立面，使这条边界清晰、空间明确的上下九路及第十甫路更具魅力。

　　步行在上下九路及第十甫路，不期然会想起意大利博洛尼亚非常有名的柱廊。对上下九路及第十甫路的骑楼廊道越是关注，就越会发现这条街道与欧洲地中海沿岸许多城市的街道有多么相似。位于亚平宁山麓的意大利中北部城市博洛尼亚的圣斯特凡诺大街、圣维塔勒大街、玛吉奥尔大街、卡斯蒂廖大街以及赞波尼大街等许多街道就因为那些具有鲜明地域特色的柱廊而名声卓著。那些街道的柱廊并不是简单地从沿街两侧的建筑中延伸出来而成为人行道的上盖，而是整个建筑本身与不同宽度的人行道有机地结合成一个整体。人行道是建筑物底层的组成部分，靠近中央车行道的一侧是各种风格与高度的列柱，内侧是底层建筑的室内部分，作为人行道的柱廊的设计形式包括有拱券、筒型穹窿以及平屋顶的顶棚。城市理论家阿兰·B·雅各布斯在《伟大的街道》一书中生动地描述了这些街道柱廊的状况："沿着一条博洛尼亚的街道步行，感觉上就好像是置身于一个封闭的，甚至可以说是与世隔绝的空间中一样，但同时却颇为开敞。人行道留有足够的余裕……穿过街道，在路的对面还有另一排柱子与另一条有顶的人行道。所有这些累加起来，距离并没有想象的那样长，通常从行人的立足点到街道上最远的墙面距离都不会超过30英尺，因此可以看到路过的行人，连面孔都依稀可辨，甚至还可以看到商店里的陈设。不过，行人的主要视觉焦点还是在街道沿线的风景；线形是人行道的主要特征。拱顶与柱廊在透视方向上不断后退。无论人行道自身的比例如何，街道两侧的柱廊都会给人带来一种垂直上升的感觉。在大多数的地方，人们的视线都会随着柱廊的引导而笔直向前，这种向前的感觉要比没有柱廊的街道强烈得多。"① 将这种描述移用来描述广州上下九路及第十甫路的状况，大体上也是准确的，就好像是在述说同一条街道。特别是当他谈到街道光线的时候，他说："在大多数的情况下，人行道都处于阴影之中，甚至有时会是一种准黑暗的状态。而光线，当照进人行道的时候，高度角或许已经很小了，那幅图景是非常生动的；明亮的光线会将柱廊与拱顶的形状投射在人行道上，形成了边缘清晰、对比强烈的阴影。这会给人留下深刻的印象。"② 这些细致的观察，与我们对上下九路及第十甫路的观察是那样相同，描述也是那样贴切。这让我们一再感受到世界城市街道建筑以及人类审美情趣的某种普世的共性。

当然，上下九路及第十甫路始终保有自己的特色。早在明清时期，街道所属的广州西关一带已经形成著名的商业街，是城市对外贸易与文化交流的汇聚区域。20世纪中期，西关商业逐渐向现在的街道转移，上九路多是金铺、棉布庄，下九路多是鞋店、绸缎店和摄影店，第十甫路则以食肆居多，其中包括了前面述及的莲香楼、陶陶居等老店。之后街道进一步在当代生活中演变整合，伴随着改革开放历程中的城市复兴，变得流光溢彩、丰富多样，以传统的西关风情和浓厚的时尚气息名扬海外。

在上九路与下九路交会处，是2000年修建的宽阔的上下九广场。这个壮观的方形广场是上下九路变得更优秀也更有魅力的其中一个关键性因素。无论是沿着向东或向西的方向，在舒适的骑楼廊道上行走到这里，都会眼前豁然一亮，骑楼建筑暂时地让位于开放的空间，街道的闭合感顿然消失了。这是一个视野开阔、联结着多个通道的广场。对于一条长距离的街道来说，具有类似这样的节点是非常重要的，它让人们在这里有某种获得愉悦所需的停歇与转换，上下九广场就在恰当的地点出现，可以说是恰到好处。

上下九广场最美妙的时光是深秋微凉时节的傍晚。当夕阳透过街道

① 见 [美] 阿兰·B·雅各布斯著，王又佳、金秋野译《伟大的街道》，中国建筑工业出版社2009年1月第1版 P.121

② 见（同上）

远处的城区天际线投射到广场上时，这里的人流达到了全天的最大密度。落日的金色霞光洒在荔湾广场连片耸立的楼宇上和南边东急大楼色彩缤纷的立面上，建筑物被抹上一道似虚如真的幻彩；西边逆光中的名汇商业大厦直指天际的雄姿显得更加挺拔，它向街中突出的圆弧形裙楼和对面赛博大楼直线轮廓的对比也显得更加清晰。

　　人们从城市四面八方涌来，购物的、游览的、过路的、居住于此和工作于此的。他们或者自东面人民路一带进入，或者从西面恩宁路经第十甫路而来，又或者从北边康王路和南面杨巷路鱼贯而至，也有的是从附近的麻石小巷中钻出来。有人心无旁骛地匆匆而过，有人轻松休闲地四处观赏；小店铺前许多人埋头购物比较着、议论着，零食店前许多人为解嘴馋而挑拣着、品尝着。当然也有很多人安坐在广场边的凳椅上，悠然自得地欣赏着这南方风格的、色彩缤纷的广场和千姿百态、形形色色的过客。

　　在这一刻可以明显感受到城市生活一种充满动感的过渡。白天的方式即将结束而仍未结束，夜晚的生活即将到来而仍未到来，霎那间，在看似惯性流动的意象秩序之下，一切都在调整着和变化着，酝酿着和准备

上图：街道多样性——茶楼。

下左图：歇息片刻。

下右图：街道漫游者。

着，相约着和等待着……

　　上下九广场是一个既旧且新的场所。早在公元527年，印度高僧菩提达摩从南天竺航海到达广州，就在紧邻今上下九广场西北一侧的地点登岸。他在登岸之处搭建草庵居住，之后北上始创中国佛教禅宗。他留下的草庵后来被不断扩建，至清代改建成为华林寺，登岸之处就被称为"西来初地"。隋朝时，今上下九广场以南的杨巷一带已是宅第成坊，由此可见此地至少已有1300~1400年历史了。及至唐代，今上下九广场所在的西门外一带地区更发展成为城市西郊新兴的居民区和商业区。而原称上九甫和下九甫的今上下九路，作为城市的东西向街道，至少在明代时期已经出现。[①]这实在是一个古老的街区。然而它演变成为今天的城市广场却只是近10年的事情。广州市开辟南北走向的康王路时，为有利于组织交通和不破坏作为步行街的上下九路的连续性，采用了修建隧道下穿上下九路的设计，从而在隧道上部形成了这个城区新空间。又在广场北边修建了高大的牌坊作为场所标志。这是广州市在"三年一中变"城市规划和环境改善过程中建成的一个新型场所。

　　透过既旧且新的意象可以进一步看到，这里同时也是一个既传统又时尚的场所。除了前面提及的建筑的因素之外，广场上竖立的反映旧时西关生活题材的多座铜制雕像，也时刻提醒人们这里传统的悠久。附近的"西来初地"、明"怀远驿"和清"十三行"故地，以及莲香楼、陶陶居等老字号茶楼，也烘托着这种传统氛围。然而与传统氛围共生的是充满时尚气息的现代感。新建筑不断涌现，除了环绕着上下九广场的名汇商业大厦、荔湾广场大型楼宇、东急大楼和赛博大楼之外，附近还有第十甫假日酒店、西关大厦等新型建筑。各类购物商场、连锁及专卖店铺、品牌时装、珠宝商行、快餐店、咖啡店、西餐厅、茶餐厅等充斥其间。最重要的是流动在这些建筑之间的空气，风中坊市，楼外霓虹，广场上每时每刻都回荡着今日城市的最新气息，标示着这座南方都市时尚生活的潮流风向。

　　不仅如此，在这个最具西关风格的城市场所中，还可以感受到种种既现实又浪漫、既庸俗又优雅、既杂乱又有序、既躁动又平和、既孤独又喧闹、既简单又复杂、既粗朴又精致、既真切又虚幻的，在矛盾冲突中达

①参见徐俊鸣著《广州历史地理论集》P.18~P.23；[清]黄佛颐编纂，仇江、郑力民、迟以武点注《广州城坊志》，广东人民出版社1994年12月第1版P.528~P.649

致和谐的独特场所的丰富性。

然而，在我看来，整条上下九路及第十甫路依然需要作出较大的改进。这段骑楼廊道尽管很有特色也很有魅力，但毕竟太长了，以至它内容的丰富由于不断地重复而使人觉得有点单调乏味。过大的长度多少冲淡了街道的魅力。其实，就1.2公里的步行街来说其绝对距离本身不应算是很长的，之所以有过长的感觉，是因为沿线欠缺更多的作为标点的节点空间，即街道在结构上缺少变化。步行街沿线有康王路、宝华路、文昌路三个交会点，平均约300米有一个街道出入口，准确地说连续的街段并不算太长，只是由于缺少变化而使人感觉这是一条单调的长街。简·雅各布斯在她的《美国大城市的死与生》中充分论述小街段的必要，认为对于混合首要用途的街道来说，让街道出现得频繁和街段的短小都是非常有价值的。因为这样可以使各个街区之间形成内在有机的交叉使用、相互支持的资源，从而进一步生发街区的丰富多样性，使街道更有趣，因而更有魅力。长街段则难以形成这种使用资源，令距离很近的邻近街区也因"天各一方"而互不关联。[①] 这种分析也适用于上下九路及第十甫路。这条街道除了原本可以在视觉上更生动之外，它本来还可以带动邻近多个街区，使这些街区更活跃，而自身档次也得以提升，变得更多元、更优雅。由缺少变化带来的感觉上的呆滞单调阻碍了这些潜在能量的发挥。改变的做法，可以是在感觉过长的街段设法形成一些新的节点，或者是另外增加新的街道。可能比较现实的做法是设法形成新的节点，这些节点可以是一个小广场、一个小公园，也可以是街道一个局部膨大的开放空间。雅各布斯在书中也提及国外某些城市对长街段作出改进的例子，这些变化是切实有益的。

沿街建筑有相当部分太新和太不真实，是上下九路及第十甫路需要改进的另一个不足。在城市美化运动中，广州街道进行了大规模整饰，这被市民形象地喻为"穿衣戴帽"工程，上下九路及第十甫路也不例外。无论如何，这使城市形象焕然一新，街区增加了美感。然而对于多数街道，焕然一新应该是指气象一新，像这条传统街道的整饰，首先应该是忠实于它的原貌，亦即真实。而真实也包括建筑外形的真实和建筑原有气质的

① 参见 [加] 简·雅各布斯著，金衡山译《美国大城市的死与生》，译林出版社2006年8月第2版 P.161~P.169

真实。漫步于上下九路某些路段，我有时候感觉好像是进入了一个模拟上个世纪20~30年代街景的投资颇大的摄影棚。建筑从外形到气质都欠缺真实，生活的真实也就不存在了。要令街道变得更优秀，在此处作出改进是至关重要的。

最后，应该依据并协调这一带区域的整体规划，在沿街向西视线正前方的街道西端某处，修建一座具有相当但恰当高度的地标式建筑，作为街道西端的终点，用以主导步行街西段的街道景观。如果保留了原有小尺度和历史风貌的步行街，有远处的新建筑作为寓意变化发展的背景，城区天际线也变得丰富，那是一种多么好的景观效果！

弥漫着大都市气息的天河路

　　这是一条几乎没有历史但很有现代感、基本没有个性却很能聚集人气的街道。位于城区东部天河新区的天河路路面宽阔，高楼林立，无疑是广州新城市中心具有标志意义的街道。仅仅在20多年前，这条街道所在的区域还是城市东郊的一片乡野，如今却俨然成为这座特大型城市的新的中心地带。天河路因通过旧有的天河机场而得名，它伴随着新城市中心的崛起而迅速演变成为一条气势恢宏的街道。有趣的是，街道两侧城中村的村民们还在享受着村里的集体经济分红，却同时成为了这条最现代化的城市中心街道的最早居民，更有的成了位于街道南侧的城市中央商务区的原居民——时尚气息之下的新型市民。街道北侧由三座大型设施构成的天河体育中心，是与街道同时诞生的，它的宏大尺度也有力地助长了天河路的恢宏气势。如今体育中心已经多少有点显得陈旧，然而这恰好为年轻的街道带来一些历史感。

　　天河路起始于环市东路东端的天河立交，往东连接中山大道西端，全长约2.2公里。整条街道自西向东分别与水荫路、梅花路、广州大道、体育西路、体育东路、天河东路交会，形成多个十字路口。它的南北两侧还分别连接多条街道，形成多个丁字路口。这条东西走向的街道宽60米，双向共有8～10车道。它的宽度与世界上那些著名的街道，譬如巴塞罗那的格拉西亚大街、巴黎的香榭丽舍大街等大体相当。在街道的中段即体育西路与体育东路之间的街段，中央车行道的宽度大约是48米。车行道两侧是宽1米多的绿化带，种植着大叶榕，树的间距约为8米。这一街段的树木仍不够高大茂密，不过已经可以为街道带来荫蔽，并且强化和界定街道的边界。接着是北边独有的宽约1.8米的自行车道。再接着是街道南北两边宽度不一的人行道，南侧天河城广场和正佳广场建筑界面前有开敞的场地，北侧宽度约3米的人行道相比之下显得略为狭窄。显然，在没有自行车或骑车者较少的时候，自行车道和人行道是会混合使用的。中央车行道与绿化带之间有齐腰高的铁栏杆，栏杆之内当然就是行人的属地，如果将绿化带、自行车道和人行道合起来看，那是足够宽阔了。天河路的西段即天河立交至体育西路之间的街段，其不同之处主要在于树木，这一街段在中央行车道上加设了两列同样是1米多宽的绿化带，整个街道看上去树木明显要茂密得多，但依然还能保持双向10条车道的设置。天河路的东段往东越过与天河东路交会的十字路口之后，略微向东北方向弯曲，不过依然保持着街道的规整，只是到了华南快速干线立交的引桥附近，车道才有所调整。整条天河路所呈现的完全是注重环境品质要求、体现标准化纯粹设计的现代城市的街道景观。

这样一条新型的街道，完全值得我们花上些时间专程作一次纯粹的漫游，而这漫游应该从街道北侧自西向东行进。在这里我们可以看到高低错落、变化丰富的街区天际线。沿街建筑大多体量巨大，高度是不相同的，既有尺度亲密的7～9层的各类购物场所，更有直指天际、尺度超人的各类超高层建筑。行程开始时，首先在街道北侧可以看到造型独特的7层高的全国第一个购书中心——广州购书中心，它旁边是由两幢呈菱形的分别为52层和37层的南北塔楼组成的维多利广场。南侧是有隧道相通的9层高的中怡时尚广百购物中心。往东越过体育西路，街道南侧依次是国内首个综合MALL——天河城和拥有全亚洲单体建筑面积最大的购物中心、号称"亚洲体验之都"的正佳广场。这两座大型建筑的共同特点就是在同为7层的裙楼上同样矗立着东、西两幢塔楼。天河城的东塔楼是49层的甲级写字楼，西塔楼是42层的五星级粤海喜来登大酒店。正佳广场的东塔楼是外立面有优美的弧线与竖线对比的30层的广晟大厦，西塔楼是48层的超五星广州天河万豪酒店。在这两座宏大广场的对面，是曾经举办过第六届全国运动会开幕式和闭幕式的天河体育中心。这里沿街数百米距离是天河路的核心路段，城市的新中轴线就在这里通过，此处往北可以看到不远处80层高的中信广场，往南可以看到稍远处103层高的广州国际金融中心

（俗称西塔）和远处610米高的世界最高钢塔——广州电视塔。这里所见所感，堪称宏伟而又精致。许多人喜欢在正佳广场前的露天咖啡座喝上一杯，悠然自得地边聊天边欣赏街景。再往东越过体育东路，是天河路最新景观的聚焦点。街道南侧除了原有的广州电脑城、南方电脑城、颐高数码广场等之外，又崛起了由多座超高层建筑组成的万菱汇，其中包括楼高55层的万菱汇国际精品中心，这纯净的玻璃幕墙建筑格外引人注目。街道北侧有群楼耸峙的太古汇广场，这是又一个云集数以百计国际品牌、顶级时装、生活精品、知名食府和各地美食，以及进行文化娱乐活动的街道新亮点。裙楼之上是33层高的广州文华东方酒店和两幢40层高的甲级写字楼。在这些大型建筑周围，错落着财富广场、金利来大厦、百脑汇广场、天河娱乐广场等各式建筑，构成整体的街景。

　　天河路显然具有突出的商业生活气息。自1996年天河城广场建成开业起，那些规模巨大、资本雄厚和具有国际品牌背景的综合MALL一个接一个地聚集于此，使这里成为购物中心聚集密度全国最高的带状商圈，以至超越上海徐家汇和北京西单，成为名副其实的"中国第一商圈"。但这

上图：这里集中了多家大型购物中心。

下左图：过马路。

下右图：脚步匆匆。

些巨大的商业机构似乎没有哪一个自我表现得更为突出,它们共同作为街道的组成部分,以人们日常生活的时尚面貌出现,渗透于每个街角,使无所不在的商业符号成为街道的存在方式之一,也成为街道的景观细节。

然而漫步于天河路,街道交通状况似乎同样引人关注。一直以来,由于天河路对城市东部地区交通的重要性,本地媒体总是不断地报道这里的交通状况。尽管有10条车道,但每天行车高峰时候行车难或塞车的情况时常出现。现场观察可以看到,这条交通要道实际上已经控制甚至封闭了几个十字路口的南北交通,但似乎无济于事,光是沿路自西向东行驶的车辆要向左转入体育东路就相当困难了。从天河路至东边中山大道以及周围街道成片区域的交通拥堵,已经成为影响城市生活、阻碍城区发展的严重问题。为了解决天河路的交通问题,政府2010年春节前在这里修建并开通了BRT快速通道,其中作为通道始发点的体育中心站就设在天河城广场前面的街道中央。BRT从筹建之日起就充满争议,但它终究还是在一片质疑声和期待声中如期出现,成为这条现代化街道的新设施和新景观。人们从过街隧道进入车站,然后如同乘坐地铁一样,通过电子购票程序搭乘快速车辆。天河路BRT的交通效益还有待检验,但它对常规车道的影响却已是明摆着的。从天河立交自西向东而来的各类社会车辆要适应BRT的存在,当越过体育西路后就要及时变道,为之让出专用道,原来从5条车道而来的车辆要调节至3条车道上行驶。相反方向的来车也同样作出如此调节。而且为了BRT的"快速",甚至取消了天河路其他相关街道的多处左转弯。这是BRT的必要代价,它畅顺的前提是其他车辆和街区的不畅顺和不方便,孰重孰轻,似乎全在于观点与角度的不同。然而,人们好像很快适应了这些变动,如今人们只是期待BRT尽快发挥应有的快速交通功能,收到设计中的交通效益。

所有这些城市新设施,都使天河路具有更强烈的街道立体感和城区场所感。而这些感觉的另一重要来源,就是这里繁闹而又扑朔迷离的地下空间。地面上无从观察的地铁体育西站、天河又一城、天河城广场和正佳广场的地下商场,尤其是天河体育中心那庞大无比的多层地下商场和停车场,很大程度上把地面上的人群吸纳到了地下。那是潜行于天河路地下的另一条天河路，准确地说是天河城区地下的另一个城市世界。城市的一个重要特征就是对垂直空间的拓展，这是城市的定然状态，它不仅在地面上沿着垂直的方向向上创造天际空间，而且在地下沿着同样方向向下创造地下空间。在这座城市，自从2002年地铁烈士陵园站开创出名为"流行前线"的另类地标，由此开启令城市新生代随时找到心灵共有感觉的地下时尚生活以来，恐怕没有一处比天河路的地下时尚生活场所更加神秘而巨大的丰富迷离的地下空间。

在天河路，似乎没有人知道到底是地面上的人多还是地底下的人更多。原先以为地铁体育西站和天河城广场、正佳广场的地下交通与购物场所已经足够新锐时尚及人气鼎盛，谁知后来出了个"又一城"更具规模及气派，并且沿着体育西路地下向北延伸。紧接着，一个比这几个地下空间都要大得多的位于天河体育中心地底深处的奢华世界又迷离闪现。这些彼此连通的地下街场迂回合纵，曲折连横，每展开一个角度都令人眼前一亮，感觉新异。讲究的门面和室内总是透出豪华时尚的气息。多间"民族风"服饰店的店员穿着唐装、旗袍典雅迎客，那种十足中国传统的精致品位，标示着新潮方兴的瑰丽风向。JOLIE&DEEN的韩国衣柜在水晶吊灯映照下投影于纯白色的砖墙前，休闲风格中散发着另一种东方传统的时尚前卫。阿迪达斯著名的3条平行间条是年轻人所熟悉的，这个自1970年开始就赞助了许多知名足球队的德国运动品牌，把它在天河地下店铺中象征着力量与尊荣的标志做得格外醒目。咖啡香味也在这里隐然飘荡。但一种名为"皇后恋曲"的曲奇似乎更能吸引人们欣赏的目光，据说许多人购买它不仅因为六种曲奇味道的美妙调配，还因为那精致得令人爱不释手的盒子。相比之下，"大卡司"显然是一种大众饮品，不过这种台湾珍珠奶茶无论在哪里品味都保持纯正，它的店铺不大却一眼就能认出来。

毫无疑问，天河路的地下空间是天河路的组成部分。从完整的意义上说，天河路是由垂直方向的天际空间、地面空间、地下空间和水平方向的横向空间组成的。作为广州新城市中心的主要街道，天河路无疑是将现代城市的空间特征诠释到了极致。它的地面空间是充满现实情怀的世俗与烦嚣，它的地下空间多少有点另类，它的天上空间则是纯净的。从地面上仰望那些立于云端的玻璃幕墙建筑，更能够体会柯布西耶所阐述的那些注重标准几何形体和新技术材料的现代建筑的纯净之美。

当然最终我们还是乐于回到并漫游于天河路的地面空间，尽管这里不无遗憾。事实上，从略为深入的观察而言，天河路总还有许多地方未如人意。在体育东路到体育西路之间的街段北侧，沿线是天河体育中心主体场馆前面的开阔地，体现街景完整性的围合消失了，加上南侧正佳广场前的地面也颇为开阔，使得这里的街道感变得微弱。人们漫游至此或许会有一种奇怪感觉，街道是向北敞开的，它是一条街道但又不像街道，它像一个广场但又不是广场。有街道理论认为，当你沿着街道一侧行走，抬头沿30度角的方向朝对面一侧看，假如此时街对面与你视线相交的建筑的高度与你到这一建筑的距离之比刚好为1:4的时候，你会感到你所在的街道的空间是清晰限定的，街道感未必会很强烈但却是明确的。但当这个比例缩小到1:5甚至更小的时候，人们就不会再有置身于街道的感觉了。又从街道边界的角度指出当街道的宽度超过450英尺（137米）的时候，两侧建筑不管高大到何种程度，即使空间仍然可以界定，但此时街道已经不复存在。这种情形下就不仅仅是对街道的感觉的问题了。天河路这一开阔街段

休闲街角

当然还没到人们要问街道是否还存在的严重程度，而且它还有行道树以及人行道靠里一侧的广告牌帮助营造街道的空间领域，一定程度上为街道提供了界定。但很显然，这一路段的街道感是被大大削弱了，这可以被看作是一段"不完整的街道"。同时这也不仅仅是街道的形式美感问题，现场观察可以看到，这一侧的行人特别是休闲的漫游者或游客较之南侧明显要少，更多的是匆匆过路或等候公交车的人。可以想象当烈日当空或刮风下雨时，人们会多么狼狈。即使是天气清朗的时候，行人也会因沿街没有建筑，缺乏多样性而感觉路途冗长、单调沉闷而将其视为畏途。其实，不仅仅是天河路的这一街段，整个天河体育中心周边所在的多条街道都存在这种情况。涉及到作为历史存在的天河体育中心，这可能是天河路难以解决的先天结构问题。

如前所述，天河路是一条商业功能和交通功能十分突出、商业生活氛围相当浓厚的街道。那些制作精致的商业广告和无处不在的商业符号标榜着都市时尚，吸引着过往行人的眼球，它们大多是恰到好处、赏心悦目的，当中有某种由现代功能主义建筑所构成的现代功能主义街道之美。然而我们或许在这种精致时尚的包围乃至愉悦的街道体验中，总还感觉有所欠缺。人们到这里来休闲购物或娱乐消费，但对街道本身却没有太多的关注，那些由宏大的建筑构成的宏大街景在给人以最初的感官震撼之后，最终似乎未能给行人留下多少深刻印象。问题就在于，现今的天河路是一条单纯功利性的机械的商业与交通的街道，而它应该有所超越。一座历史文化名城的主要商业性街道应该既是明确功能性的、机械的，同时又是历史文化的、艺术的。天河路要变得更优秀，就必须在商业与交通的功能基础上对商业与交通定位有气质上的超越，或者说应该在满足商业与交通实用功能的同时也具有某种精神功能。这样一条功能均衡、兼具实用与精神价值的天河路，才是与这座城市的性质相一致的持久合理的具有更高审美价值的天河路。

城市需要有理性而又浪漫的想象。我们能否想象在天河路体育东路到体育西路之间的街段北侧，出现一条绵延约800米的壮观的现代骑楼街，骑楼建筑楼高4~5层，整体造型具有丰富的统一，充满文丘里在他的

左页图：超高层建筑下的车流。（摄影/徐晖）

后现代主义建筑宣言中所说的"复杂和矛盾"，外立面是传统广州骑楼建筑的现代嬗变，散发某种来自内在复杂性的简练之美。骑楼下是类似天河南路的各式店铺，作为城市漫游者和各地游客的淘宝胜地。小店可以只占一个柱廊，大店则可占数个甚至更多。当中还应当有城市老字号品牌店、著名咖啡馆、悠闲茶室、旅游精品店，尤其要有城中著名的书店。这骑楼街在城市新中轴线通过的地方可以开一个口，设置大小适度的开放空间，两侧的骑楼往北边天河运动场方向呈弧线型拐入，形成一个变化的街景。果真如此，这条骑楼街就可以遮挡住体育中心那几幢粗陋难看的大块头，不仅能有效地弥补和强化该路段的街道完整性和围合感，更能为天河路带来空前壮观的现代街道节奏。这是城市大胆而惯常的做法。19世纪时候的巴黎居然在城市心脏地带的罗浮宫北侧，沿杜勒里花园到协和广场开设了一条绵延2公里的里沃利柱廊街（Rivoli），以上百次重复排列的圆拱廊营造了城市中心壮观的新节奏。拱廊下各式各样的店铺，堆砌着城市的优雅、浪漫与骄傲。这是否可以为我们的"天河路想象"提供某种灵感。法国的巴黎和意大利的博洛尼亚有柱廊街，广州有骑楼街，在它们之间可以寻根究底找到一些渊源。如果这座城市的地域建筑以新的面孔蔓延至这一新城区，那么这里的街道将会变得多么有意思及多么有趣，或许它还会促使街道具有游人们所期待的某种历史文化意味，生发更有趣的多样性。

天河路骑楼街只是一种想象，但我确信它至少意味着天河路是有足够的回旋余地和设计选择来使街道变得更好的。其中一个重要理由就是，天河体育中心四侧边际的开阔地应该而且可以提供街道完善所需的用地。这里顺便略为提及天河体育中心，从设施日常使用及设施本身与街道的相互关联来看，这个占地广阔的中心实在有点大而无当。今日天河路已经不是街道刚刚开通时在郊野风中迎来第六届全运会的天河路了。那时将城区一下子扩展至东部，城乡之间似乎有用不尽的土地，规划的尺度是大手笔的。这个体育中心始终为城市所需，但当日郊野如今已经成了尺金寸土的新城市中心的中央商务区，天河体育中心占据大片面积但建筑稀疏，就显得极不适宜了，且与周围街道、建筑乃至整个中心城区的紧凑尺度也不协调。缩小它的边际面积丝毫不妨碍它为市民及游人提供健身锻炼之所，也丝毫不影响城市景观,相反是有助益的。让天河体育中心为天河路变得更优秀作出贡献,实在是极有意义。况且想象中的天河路骑楼街需要体育中心往北退进的距离也不大。完善天河路可以有更多的选择。据说广州亚运会之后约一年半时间,天河体育中心将"变身"为全开放的体育公园,围绕体育中心将兴建一条长约4.8公里的体育休闲长廊。也就是说按照这一规划,天河路最重要的中段,其北侧将是一条长廊。或古典或现代或国际风格或本土特色? 它的容貌到底如何,实在引人想象。

"留心，街中每个人……"（摄影/徐晖）

几乎所有大城市都有一条中山路

中山路自古以来就是广州中心城区的主要街道。它从最初生成的起始状态，经历秦、汉、隋、唐及宋代的演变，成为城市东西走向的重要干道，并与另一条古老街道北京路共同构成呈"十"字结构的老城区传统中心。清代时街道从大东门到西门，称为惠爱街，街内汇集了布政使司、广东巡抚部院、广州府、将军府、番禺县等众多衙门。中山路不仅作为一条古老的城市干道，还因其承载着城市现代发展的早期记忆以及对孙中山的纪念而在市民心目中具有精神依托、家园认同的重要意义。但是到了20世纪90年代，在经历了城市高速发展和旧城大规模改造之后，这条街道已经不再是人们记忆中的中山路了。而重要的是，即使人们记忆中的中山路，它与一条优秀街道的要求也是很有距离的。中山路需要有新的发展与变化。

今日中山路东起广州大道中的中山一路立交，往西连接珠江大桥，全长9公里，分为8个街段，由东到西依次为中山一路至中山八路。中山路从中山四路至中山八路的大约5.2公里的街段是较为笔直的，而且呈较为精确的东西走向。在广州，再也没有像中山路那样以如此长度和较精确东西走向横贯传统城区中心的街道了。其中从中山四路至中山六路一段行程是中山路历史最长也最有魅力的，此段距离大约是2.5公里，与清代时的惠爱大街大致相当。这一主要街段车行道大约有20米宽，双向8～10车道；人行道宽度不一，在3～10米之间，多数路段在靠近路沿石一侧设有绿化带。沿街两旁各种建筑参差错落，既有3～5层的老房子，也有20层或以上的新建筑；既有经整饰后焕然一新的低矮旧式骑楼，也有现代建筑底层高大宽敞的新型骑楼。中山路的东段逐渐远离传统老城区，往东越过东川路特别是越过东山口之后，街道的宽度与走向及道路设置也随之变化较大。

作为广州最古老街道的中山路，特别是横贯传统城区的主要路段，有着丰富、密集的城市历史文化遗迹。在那些古旧的骑楼和残破的民房背后，散落着或隐匿着南越王宫署遗址、秦汉造船工场遗址、六百年残迹城隍庙、茂戌变法策源地万木草堂、清代大小马站书院群、合宗祠堂陈氏书院，还有东山大街、东皋大街、芳草街、仓边路、西门口等历史传统街区，也有广州"3.29"起义指挥部小东营、广州农民运动讲习所旧址、广州起义烈士陵园等革命历史纪念地。这条街道历史古老的最有力证据，是1975年的两大令人惊心动魄的发现，即在今中山四路发现的秦汉造船工场遗址，以及在发掘这一遗址时接着发现的覆压在造船台上的南越国建筑遗址——后来得以证实的南越王宫署遗址。[1] 当人们最初发掘出一段南越国的走道和朱红色的"万岁"瓦当时，顿时对这个地方油然生出全新的认识。这绝不是一个普通的地方或者一条普通的街道，它在以后岁月所以聚集了如此之多具有重要意义的事物，其实早在这里已经暗喻了某种历史递嬗逻辑。当然沿街漫步，所有这些重要意义几乎都是隐而不察的，只有在略微了解了城市的历史之后，我们才能够对此有所领略。因为我们在这里行走所看到最多的，始终是那些浮动于街区表面的古旧的骑楼和残破的民房。

除了那些有着显赫史迹的街段，整条中山路沿线各街区平庸景观的背后，处处深藏着虽不那么显赫却也充满趣味的故事。中山六路和解放路附近一带明代曾经存在的"四牌楼"就颇有韵味，它们为城市历代名人而立，既为纪念任嚣、赵佗、高固、伦文叙等城市创建者和文人学士，也为彰显那些讲孝道、重情义、守贞节的市井人物。4座牌坊沿街道周边对角而立，互为映衬，形成独特而有意义的"四牌楼市"街景。想象一下这些高约10米、宽近10米的通常三间四柱五楼石的牌坊当日立于街道上的情形，旧时街道的气息似乎也就隐约可闻。后来牌坊不断更替演变，有记载的就有10多座。绝大多数牌坊早已湮灭于岁月之河，唯一留存下来的建于明崇祯八年（1635）的"乙丑进士"牌坊经易地重建，如今静静矗立于中山大学校园。人们至今犹记四牌楼，但街道上已经不见了牌坊的痕迹。附近著名的六榕花塔倒是依旧矗立，但它要在走过一段极不起眼的街道之后

① 参见杨万秀、钟卓安主编《广州简史》，广东人民出版社1996年3月第1版P.35~P.36，P.44；张荣芳、黄淼章著《南越国史》，广东人民出版社1995年12月第1版P.93~P.94

中山路自古以来就是广州中心城区的主要街道。（摄影/徐晖）

方可看到或到达。我时常想，这座城市就是这样，总把重要的东西湮没于最普通最平常的东西之中，使你置身其中而不觉。同样，最西边的中山八路车水马龙、路桥纵横。或许在路南侧的荔枝湾畔，偶然还会有游人说起昔日"昌华苑"、"唐荔园"及"海山仙馆"的传奇，② 但这些城中旧事往迹在一派庸常生活景色的今日街道上是隐然不觉的。

　　如此历史悠久和内涵丰富的中山路，之所以还难以称之为优秀，而且与优秀街道的要求还有相当距离，究其原因，一方面是因为这里失去了许多原有的东西，另一方面是因为有许多作为优秀街道所需的东西这里从来就不曾存在过。在旧城改造和城市发展过程中，地铁1号线工程和街道拓宽工程大量拆除了沿街骑楼商业店铺，特别是在中山四路至中山六路这样最古老最繁华的路段，历史上形成的密集建筑顷刻间被连片地彻底推倒，街道原有的亲密尺度和完整空间从此被打破，失去了昔日相对较为紧凑闭合的风貌。曾经给历代市民带来无数欢乐、留下美好记忆的新华电影院、新星电影院、红旗剧场消失了，不仅如此，市民们熟悉的菜根香、惠如楼、新陶芳酒楼、华北饭店、东江饭店以及致美斋酱园也消失了；艳芳

②参见黄佛颐编纂，仇江、郑力民、迟以武点注《广州城坊志》，广东人民出版社1994年12月第1版，P.605～P.611

照相馆、大学鞋店、享得利钟表店、精益眼镜店、鹤鸣鞋帽商场、新风尚衬衫公司、孔旺记、永华家具商场也消失了，更有沿街许多不知名的小店铺老建筑也在这大规模的街道改造中随风消逝化作了烟尘。这些大小店铺所在的建筑，曾经那样紧密有致地排列于街道两侧，通常都是3～5层的高度相近的骑楼建筑，因而形成了连续不断的骑楼廊道。并不是每一幢建筑都有那么高的艺术，但大多都是有所考究令人愉悦的。立面上的许多窗子、阳台、檐口以及柱廊变化丰富，在有阳光的时候能够形成丰富而明显的光影效果。有些立面的设计看似简单，但显然糅合了某种西方建筑和西关大屋的风格，形成了地域特色，具有独特的视觉效果。骑楼柱廊的特点之一就是会给人带来一种垂直上升的感觉，并且引导人们的视线向前方伸展，这时候通常可以看到，柱廊下的人行道都处于阴影之中，而阳光透过柱廊投射到人行道上，投影勾勒出了柱子与廊顶的形状，那幅图景何等清晰而生动。这种景致如今已经成为记忆。

位于中山路的农讲所旧址

　　街道总是不断发展的，修建地铁也是必需的，问题在于街道的准则与特色能否在变化中得以确认与传承。而恰好是，中山路在改造重建之后，许多路段建筑物变得稀疏，对街道相当重要的围合性变得微弱，一些新建筑在风格与造型上破坏了街道的连续界面和特色空间，整体视觉缺乏协调与秩序，不是显得丰富而是显得混乱。从吉祥路口到解放北路口之间的路段北侧，以前的建筑用地如今成了道路或广场用地，原有的空间格局和历史风貌基本上消失了，行人至此，围合的街道突然完全敞开，感觉已不像是行走于街道上。原本起义路在中山路以北的一段，与人民公园南门前的街道呈"Y"字结构，公园前的街道在东西两端分别呈弧线型向北弯曲转入吉祥路和连新路。这种弧线型的弯曲使拐弯处每栋房屋的前门都可以正对街道中央，过路行人每走一步都可以看到每所房屋的开阔景象，街道拐弯处的景致十分优美。现在对此处街道的美妙体验已经不复存在。而在中山五路的南侧，最煞风景的是作为地铁上盖建筑建成于2003年的地铁控制中心，这个造型奇特的庞然大物或许有些艺术性，但置于此处，无论是建筑的体量或风格都极不协调，感觉有点儿高不成低不就。如果是类似于将蓬皮杜文化艺术中心的前卫风貌融注于巴黎最古老城区夏特莱与中央市场区的文化建筑行为则另当别论，但是这个地铁控制中心之于中山路显然不具有这种意义。

　　另一个至关重要的问题是：是否我们恢复了中山路原有的空间格局和它的传统商业街风貌及氛围，这条街道就会变得优秀呢？这种想象未免简单。作为一条城市主要街道，人们记忆中的以前的中山路本身是充满缺憾的，多数路段街景平庸普通，清冷琐碎而且残缺。从中山二路东山口一带，到中山七路高基附近，到处可见低矮粗陋的建筑，还有连片残旧破损的平房。街道的建筑高度与街面宽度的比值偏小，因此街道的空间领域感和闭合感都是微弱的。同样是古老而又重要的街道，丹麦哥本哈根步行街许多地段的建筑高度比街面宽度还要大。罗马朱伯纳里大街的建筑更高，一些地段如花之田广场附近街道宽度约16英尺，而相对照的建筑的高度却达到约60英尺，这种比例依然让人视觉愉悦、心情舒畅。"建筑的高度对街道的舒适性和宜居性会造成冲击，就像阳光、温度和自然风一样，因此

左页上左图：路过南越王宫署博物馆工地

左页上右图：新骑楼？

左页下图：中山五路附近的公园前地铁站是城中另一个时尚中心

需要得到特别的关注，做出合适的设计，而不仅仅是考虑绝对高度或立面比例划分的问题。与此同时，应该认识到，从没有一条出类拔萃的街道以两侧建筑的高度著名。"① 也就是说，街道两侧的建筑应该达到应有的高度，以此为街道带来清晰的空间限定，同时要控制，不要以为超高建筑是优秀街道的要素。这是街道的艺术，但以前的中山路欠缺这种艺术，街道的许多地段连空间限定也是不清晰的。那时路边的杉木电线杆被风雨侵蚀得残旧乌黑，略微歪斜地竖立在房屋前，架着低垂零乱的电线沿街伸展。即使到了中山四路至中山六路这一主要路段，建筑也是过于低矮且平庸，·街道的空间边界感觉也是微弱的。

　　这种感觉还来自一种无奈的情况。在吉祥路与中山五路交会处的东侧，在建的一座高层建筑长期停工，据说原因是发掘到了地下文物。但这作为建筑"烂尾"十多年、严重影响街道景观的理由，实在叫人无奈。然而相比之下这只是个小巫，大巫是南越国宫署遗址。1975年在广州中山四路首次揭出南越国宫署一段砖石走道，出土了涂朱红色的"万岁"瓦当，1995年正式发现这个巨大遗迹并于次年将其列入国家文物保护单位。就从1995年算起，南越国宫署遗址足足挖掘了15年，还未能开放与广大市民及游人见面，遗址所在的街段，只能看到粗陋的工地铁门和周围的简易建筑，街景大受影响。举世瞩目的秦兵马俑博物馆从1974年兵马俑的发现到1979年博物馆建成开馆仅用了5年时间，之后边挖掘边陆续开放，世纪交替前夕一个现代化大型遗址博物馆基础建设已趋完善。看来南越国宫署遗址挖掘要艰难得多，市民自然要耐心等待，中山路也只能耐心等待。

　　昔日的中山路无疑是适合悠然自得、不疾不徐地散步的公共场所，它的骑楼廊道也提供了物质环境的舒适性，但它却失之于街道空间边界的模糊与不完整。当然它也失之于街道整体景观的平庸。并不是说以往中山路没有精致的建筑与悦目的街景，而是说整体上粗陋的建筑及单调的景观居多。在我们的记忆中，昔日中山路上有些建筑曾经震撼过我们的视觉，这些建筑很古老，又充满细节，还有许多细小的体和面营造了丰富的空间效果，因而给我们留下深刻的印象。同样，中山路上有些景观也曾深深打动过我们的心弦，这些街景，无论是白天阳光洒落在自远而近的骑楼廊道

① 见[美]阿兰·B·雅各布斯著，王又佳、金秋野译《伟大的街道》，中国建筑工业出版社2009年1月第1版P.277

充满垂线的立面上，还是晚上若明若暗的夜景，都是如此难忘。这些景物除了我们对其充满感情和精神认同之外，当然也包括了纯粹的建筑之美和街景之美。但细想之下，昔日中山路上这种悦目的建筑与街景毕竟甚少，遍访难寻。人们都说广州是一个市民城市与世俗社会，生活平实无华。是的，就城市物质环境而言，人们一点也不排斥甚至很懂得欣赏那些最普通最"庸俗"的房屋与场所，知道它们的真正价值并能发现隐藏其中的美。但是这也完全不排斥人们希望在中山路这样重要的街道上，看到具有艺术之美也即世俗之美的令人持久感动的建筑与街景。

如今中山路上差不多可以看到这种建筑与街景了。我们在翘首期待清代大小马站书院群的崭新面容时，也期待并想象它定能带给我们一个整体的符合城市街道准则的历史新景观。而当它还姗姗来迟的时候，在它封闭着的工地对面即路的北侧，一座名为"五月花广场"的现代建筑出现了。这正是中山路所需要的建筑之一。并不是因为这座13层高的铝合金及玻璃幕墙建筑有多杰出，也不是因为它据说类似东京银座那样的集娱乐、购物、饮食、休闲于一体的综合商厦功能。事实上这座建筑已经成为中山路的时尚地标，它楼下色彩缤纷、气氛迷人的大厅成了年轻人聚会和情侣相约见面的最佳地点。一幢好的建筑自然就能够吸引人。五月花广场对于中山路的意义首先在于它的高度，它不会过高，但其高度却远大于街面的宽度，使之能够有效强化街道的围蔽感。其次是它将骑楼的形式融注于现代化大型商厦，为传统地域建筑探索了一种适合当今生活的新形式。仅此它就应该成为中山路特别是从中山四路到中山六路的沿街建筑的典范。

右页图：中山路购物环境之一

街中小景

解放北路与
流花路交会
处

高架路凌驾于人民路之上

在高速车流
旁

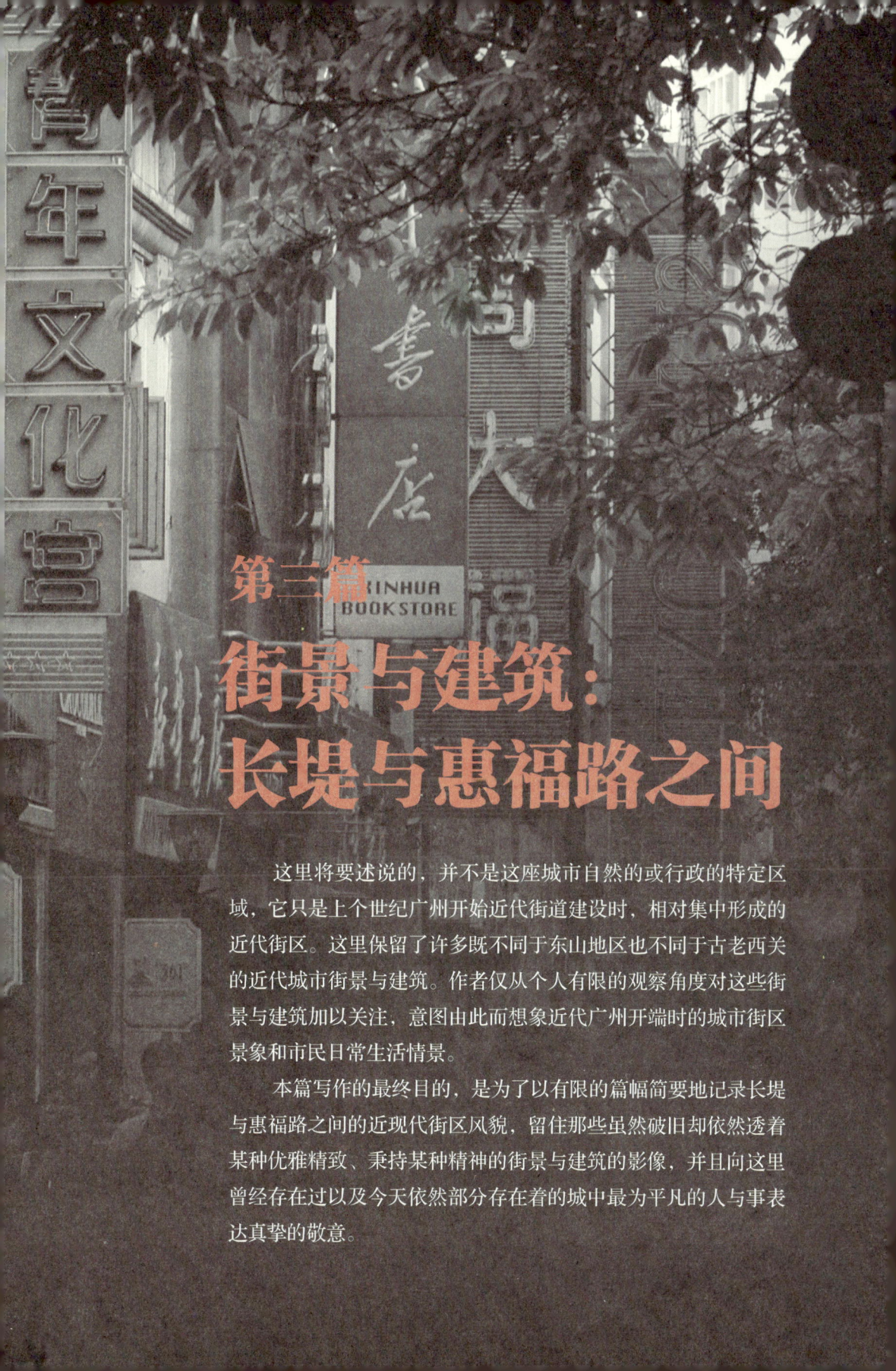

第三篇
街景与建筑：
长堤与惠福路之间

　　这里将要述说的，并不是这座城市自然的或行政的特定区域，它只是上个世纪广州开始近代街道建设时，相对集中形成的近代街区。这里保留了许多既不同于东山地区也不同于古老西关的近代城市街景与建筑。作者仅从个人有限的观察角度对这些街景与建筑加以关注，意图由此而想象近代广州开端时的城市街区景象和市民日常生活情景。

　　本篇写作的最终目的，是为了以有限的篇幅简要地记录长堤与惠福路之间的近现代街区风貌，留住那些虽然破旧却依然透着某种优雅精致、秉持某种精神的街景与建筑的影像，并且向这里曾经存在过以及今天依然部分存在着的城中最为平凡的人与事表达真挚的敬意。

在近代街道变迁中留住独特的影像

　　这里所说的长堤与惠福路之间，是对近代广州形成时一个重要城市区域——大致为旧越秀区靠近江岸部分的泛指，它并不存在一条截然清晰的边界。然而这片街区的环境建构、街道景物以及近代演变的故事在很大程度上影响了今日广州的基本面貌。

　　这个区域的基本结构形成于近代，内有纵横交织的街道网络和密集错落的民居。显而易见，这里的街道与建筑具有最为平实的区域特色，那些已有相当年代的老房屋，或许曾是某种精神的空间，或者还带有西关大屋或东山小楼的元素或影子，但它们已是今日城中最世俗化最为普通的、为大多数市民所使用的平凡建筑。而那些由街道与建筑构成的街区空间，也是今日城中最世俗化最为普通的平凡生活场所。连绵成片的老屋正是城中的精致建筑得以孕育与产生的基础，在这里还可以找到城中最经典建筑的全部的精致元素。这些元素表现为平实的形式，构建着这里日常生活的街景与建筑。漫步于此，我们不仅可以看到如同西关大屋的脚门、趟栊和大木门以及类似东山小楼的以红砖精细建构的楼房，不同的而且更重要的是，这里有一种融会了更强的海洋气息的独特的近代城市氛围。这种氛围弥漫于所有街道与建筑，熏染及改变着普通市民的生活。那些建筑似乎不起眼，并且有点杂乱，但街道日常生活情景至为丰富、生动与感人。我认为，要了解一个真实的、生活的和历史的近现代广州，必须从整体着眼，而长堤与惠福路之间，正为我们提供了一个很好的视角，当中的景物与人情，引人想象也充满了情趣及意味。

　　尽管现在看来长堤与惠福路之间好像依然保留着近代广州的风貌，但是这只是虚幻的表象。事实上这里近百年来的街道景观，也在我们不觉之间积累着微观之变。街区的变化是肯定的，而且在今日城市迅速发展的背景下，说不定某个时候你所熟悉的街景与人情，转瞬间已在推土机和钩机的鸣响中遽然消逝。我们不仅要重视历史环境的保护，还要在必然的变化中留住城市的记忆。而重要的是，我们显然从未如此清楚地意识到，城市的变化不仅是物质的，今日的生活情景就是明天的历史影像。

长堤街景，右侧的楼房是著名的新华大酒店。此处为人民南路路口，图中可见人民路高架路向左拐入西堤二马路。（摄影/徐晖）

泰康路一带内街景色（摄影／徐晖）

一座阳牌历摄座，这形房，招有历（摄影湾有拱楼的招有很母的医牙经了。（摄影/徐晖）水带台牙已史了。影/徐晖）

八和坊14号的正立面装饰。（摄影/徐晖）

八和坊12号的楼前围墙，残旧、潮湿。（摄影/徐晖）

泰康路内街木排头八和坊一座具有中西结合风格的残旧建筑，早期富裕人家的居所，一些居住者已移居海外。（摄影/徐晖）

左页上图：
电线杂乱缠绕是水母湾与木排头街景的一大特色，去除这些电线，其实这些红砖精砌的旧建筑颇有韵味。（摄影/徐晖）

左页下图：
街景（摄影/徐晖）

右页图：
在木排头由东往西行进所见的街景。这是泰康路一带的内街，木排头与水母湾附近交界处有许多肉菜摊档，类似露天市场。（摄影/徐晖）

泰康路水母湾21号这幢陈旧中仍显精致的红砖楼房，原来是上世纪初美洲同盟会的广州会馆。（摄影/徐晖）

泰康路水母楼房已有许多损坏，有些外墙被推掉用作经营（摄影/徐晖）

水母湾7号入
口的拱形造
型。（摄影/
徐晖）

海珠路与一德
路交会处的附
近街景，尽显
都市沧桑。
（摄影／徐
晖）

波所处的空间，陈旧，充满生活烟火痕迹，远处是华夏大酒店。（摄影/徐晖）素见：幽暗、驳杂、第街某巷后巷高巷

水母湾福增里巷口另一座残旧却仍显精致的红砖楼房（摄影／徐晖）

斜面屋顶的
楼房适合这
里的气候条
件。（摄影/
徐晖）

太平沙附近
的海味街：
内街的景
色。（摄影
/徐晖）

上图：海味街北侧大部分已被清拆，这些老建筑可能也面临同样的结局。（摄影/徐晖）

下图：海味街的许多建筑有着繁复的正立面，在阳光下会形成强烈的光影效果。（摄影/徐晖）

北京南路的南关戏院如今成为专门放映怀旧电影的影院，而且实行低票价，满足市民的怀旧情结。（摄影/徐晖）

繁闹的小街，古旧的房屋。（摄影/徐晖）

石室大教堂的附属建筑，背景是近年崛起的高层住宅楼房（摄影/徐晖）

靖海路与一德路之间的丁字路口，旧建筑刚整饰完毕。（摄影／徐晖）

鞋

海珠南路与长堤大马路交会处
北侧的街景（摄影/徐晖）

海珠路附近
的内街（摄
影/徐晖）

整的房外一的（摄影／徐晖）饰旧，墙些雕之日三可精饰后楼楼见细。

长堤邮政博物馆的正立面，可见通贯两层的爱奥尼柱廊，柱身有精细的凹槽。（摄影/徐晖）

左页图：长堤街景（摄影/徐晖）

右图：长堤大马路口的安堂领事馆永安侨在20世纪30年代由著名文胡生传奇以及"虎标"万金油的故事，一直是许多市民的集体记忆。（摄影/徐晖）

解放大桥如彩虹横跨珠江。不远处是海珠桥。（摄影/徐晖）

长堤与惠福路之间的近代城区演变

近代广州城早期有内城和外城之分，后来又分为老城和新城。长堤与惠福路之间区域，大致或大部分处于新城范围内。当时老城城墙从越秀山向南，经今越秀北路、越秀南路、文明路、大南路、大德路、人民中路、人民北路以及盘福路一线环回到越秀山；新城则从越秀南路起，经万福路、泰康路、一德路约至人民南路一线，北边就以老城南边的城墙为界。这是广州古老的城市格局。早在清末时期广州已有人陆续提出拆除城墙，修筑新型道路，改造城市。

1918年市政府开始拆城墙，在此基础上修筑道路，广州最早的近代城市街道就在这里陆续出现。以城墙的基址修建的街道因为有足够的空间，恰好可以建成最标准的主要干道。1919~1920年在拆除新城南界城墙的基址上，先后建成万福路、泰康路和一德路。1920~1922年又在拆除老城南界城墙的基址上建成大德路、大南路和文明路。这些是东西向的干道，与此同时南北向的道路也在修筑。1920年拆除西部城墙建成太平南路(今人民南路)、太平北路(今人民中路) 以及北段的丰宁路(今大德路至中山六路段)。此前一年即1919年，东部城墙也已拆除并建成了越秀路。原来的城墙有许多并不是笔直及严格按东西或南北方向伸展，所以在城墙基址上建成的许多街道也是略微弯曲的。

另一种修筑新型街道的方式也在推进，那就是拆除原有内街扩建修路。1919年拆除寺前街和惠福巷等建成惠福东路，拆除早亨坊、大市街、安义街建成惠福西路，作为当时的主要商业街道。1919年在清代衙门如抚台、按察司等的空置地段上修建当时广州最为宽阔的维新路，路名寓意维新变革。1931年将大新街即古时经营山货与茶叶的山茶巷改建为大新路。

沿江景色
（摄影 / 徐
晔）

1932年将以前私塾聚集的诗书街扩建为诗书路。

拆除城墙修筑道路，构建新型街道网络，冲破旧城格局迈向开放的近代城市，这是近代广州城市建设的历史抉择。显然这是广州地处南大门得海洋风气之先，以及近代广州作为维新变革与民主革命策源地的开放状态在城市发展思路上的客观反映。这种抉择必然是一连串重大的城市改造以及深刻的建筑文化乃至城市文化演变，而长堤与惠福路之间就在这种改造与演变中首当其冲。伴随着拆墙筑路，广州选择了一种充满地中海气息而又始终渗透着传统元素的建筑样式，即骑楼。大规模的骑楼建设就在此时此地开始。在这之前，广州骑楼建筑最早出现在长堤马路、一德路及石室一带。20世纪早期市政当局颁布的有关建筑章程被视为对这一样式的确认与鼓励，于是在太平路、大德路、大新路、泰康路、万福路、维新路、大南路等及至全市范围，这种日后表现为包括仿古罗马式、仿哥特式、仿巴洛克式、南洋式以及中国传统式等多种风格的沿街店屋式建筑得以大规模发展，形成了广州独特的骑楼建筑文化。

大新路时常是宁静的

对于广州来说，骑楼建筑无疑是近代街道建设的极为成功的样式。它适应这里高温多雨的亚热带气候环境，因尊重城市街道作为市民生活场所和步行空间而大受欢迎；又适应这里同时面向大陆与海洋的开放的社会文化环境，符合市民以传统融会多元的价值取向和审美精神。漫步于大德路或者泰康路，看到那些由连续的廊柱形成的密集垂线自上而下贯穿着，骑楼紧密排列，你可以在长长的廊道内身无挂碍地轻松行走，这时候你会觉得，这是多么好的街道！然而，有研究分析，骑楼建筑自从早期形成之后，经历了发展兴盛期、停滞调整期，及至出现了始于20世纪60年代的持续衰退。残破中的骑楼失去了光彩，初时因欧化的情调被排斥，后来人们认为它已经不再适应现代城市的需要。90年代之后人们开始重新认识骑楼的功能和意义，今日的骑楼建筑逐渐进入人们所期待的复兴时期。这些历史演变过程，在长堤与惠福路之间也得到充分的显现。

随着时间的推移，长堤与惠福路之间环境日益挤逼，大多数街道都已显得陈旧。作为传统干线的古旧街道，连同老屋密集的内街窄巷，就是

大南路街景

这里独特持续的城市格局，这与新兴的城市东部地区恰成对照。尽管有西关式的趟栊和精致的红砖楼，也有老骑楼和新建筑，但这里显然不是什么奢华之地，这里持续进行的是城中最世俗化最普通的生活，这更接近城市的真实本质。长堤与惠福路之间是近现代广州早期发展的动力区域，至今依然是广州市民精神的本源。但在城市迅速扩展和发展的近数十年间，这一区域显得相对沉寂与迟滞。当现代化的新区在城市东部或周边其他地区崛起并尽显现代气派时，在传统的空间中这里依然局促，街区生活环境未得到多少改善，建筑物在自然状态下被销蚀与损毁。这是一种"保护"的结果还是一种旧城中心在城市发展大趋势中的无奈的"旁落"呢？对历史环境的保护并非拒斥任何改变。其中一种理想的保护方式就是保持街区环境的历史真实，同时从内部及设施上赋予居民以现代的生活，让新与旧和谐统一，从而"更好地传达某种历史感"并且"丰富我们的时间概念"。[①]这种应有的改变终于借亚运会前的人居环境整饰在此宣告开始。长堤与惠福路之间，将在这一改变中继续保持平实的传统与风貌，在未来国家中心城市的发展战略中获得提升。

老城鸟瞰
（摄影／徐晖）

①见[美]凯文·林奇著，林庆怡、陈朝晖、邓华译《城市形态》，华夏出版社2001年6月第1版P.184

长堤与惠福路之间（摄影/徐晖）

左页图：沿
街的近代楼
宇。

右上图：曾
经辉煌的南
方大厦。

右下图：沿
江的建筑。
（摄影／徐
晖）

深藏于大街小巷的世俗生活情景

普通的人以及琐碎的日常生活，是长堤与惠福路之间的显著特征。在这里可以看到广州最本原最真切的市井生活情景。无论是历史留下来的痕迹还是即时的状态，在街道上特别是在街道与街道之间的内街里巷中，都可以随意找到和轻易看到。有一些很好的路径，譬如从北京路西侧的西横街进入，沿街行走于悠长的木排头和水母湾，之后在一个岔口处从左侧的沙洲巷出泰康路，或者从右侧的同安里越过素波巷经维新横街出广州起义路。此处街巷四通八达，其实也可以在尚未到达岔口之前，从宜安里或积银巷，经高第街许地及玉带濠出广州起义路或回到北京路。对于意欲一探究竟的漫游者，这一行程会是一次相当真实的街道体验。又譬如从泰康路南侧的环珠里或迥龙路西侧的迥龙上街进入弥漫着江岸气息的太平沙，并到达附近的海味街。也可以从解放南路西侧进入古老而又繁闹的濠畔街，并从这里往南越过大新路到达同样古老的卖麻街。这里的街区似乎从古到今一直未有停止过世俗的繁闹。

内街里巷中有沿街铺设的露天市场，有各式小摊档、小花店、水果店、美发室、车缝店、杂货铺，以及临时的地摊。活动于其中的多是衣着随意、呈居家状态的本街及附近居民。一些街道的面貌或许有些改变，但是像木排头与水母湾这些街道则基本上是数十年景物依然。老旧驳杂的街道就是许多人营生的空间，当然也是他们每日生活最常驻的场所。以前的人会将饭桌搬到家门前街边上，饭菜香飘四邻；或将家中的手工活如针线活及代加工的粘纸盒、穿串珠之类拿到街上来做；晚上或在街边架起竹床，街坊邻里聊天、纳凉。这种情景现在偶或可见，但更多的情形是，今日的街中人会将麻雀桌搬到街上，麻雀声响于街中；或在房屋临街一侧拆去门墙，经营一间"士多"店或小货摊，权作就业帮补家计；街坊邻里们相聚聊天的场所也就多在"士多"店旁和小摊档边了。还有更多说不尽的情形，街上总是充满人的活动：送水的、送煤气的、邮件速递的、居委会督促清洁卫生的、城监检查经营摊档的……实际生活时常充满困苦，但每一天的生活也总是要进行，这里街中人的活动就是一出关于如何面对真实生活的永不落幕的人生戏剧。街道上也始终不乏孩童的游戏，从以前的放风筝、跳绳到现在的滑滑板、骑自行车等，在正午或傍晚时间，总可以看到游戏中的孩子夹杂或穿行在街道的人流中。所有这些都包含着生活的基本感受，让街道流溢着浓浓的世俗人情。

街中每人都是独特的，他们在这街道戏剧中的即兴演出充满了个性。而且，他们被人注视，也在注视别人。几个街坊在菜摊前不无幽默地讨价还价，妙趣横生；有位常客对某鲜肉档情有独钟，但老是挑肥拣瘦。在树下闲聊的人似在笑看着每日发生的此类情景，但他们也是情景的一个部分。尤其陌生人的进入很容易就被关注，当我沿着木排头和水母湾拍摄这些情景时，听到一位街坊说："嗨，这个人又来了。"街坊善意地问拍摄这些有什么用呢，我说我喜欢街上的这些风景。

在长堤与惠福路之间，还有许多类似的内街里巷，市民每日的生活情景就在这里呈现。相比起城中许多新兴的现代社区，此处内街窄巷中的邻里关系和人际关系显得更紧密，在街道上，他们的活动总是相互依存彼此关联。我想其中大概也与这些街道及建筑的结构有关吧，相比那些新兴的街道及现代住宅，长堤与惠福路之间的街道与建筑，结构上明显紧凑且具有开放性。旧日的精致小楼如今住着远不只一户人家，这些楼房栋栋相连，彼此紧挨着，而且楼内许多设施如厨房等甚至是多户共用的，直接临街的房门包括一些趟栊与脚门，也使生活向着街道敞开。

今日的城市，能够看到如此丰富的市井生活画面的街区想必将越来越少。长堤与惠福路之间所以依然如此向我们呈现，那是得益于这里街区演变相对缓慢，传统城区格局至今得以保持。未知这是否合乎现代城市发展的理性与逻辑。当我们在街道上看到那些"原生态"的传统街区和市井人情时，感动之余也完全不值得雀跃。内街窄巷环境的挤逼简陋，迫使人们将许多原本属于室内的日常生活内容移到了作为公共空间的街道。无论是以前的饭桌或是今天的麻雀桌连同许多的日常生活内容，在许多街区随着环境的改善早已陆续回到了室内。那些已不多见的街道生活情景在此依然历历在目，只是，情景的扮演者如今还加入了许多操着各地口音的外乡人。这里成为了他们在城市中除了城中村之外的有着近代独特却残旧的背景的另一种栖身地。

从北京路西侧的西横街进入，沿街行走于悠长的木排头和水母湾，可以感受到浓浓的世俗人情。（摄影/徐晖）

上图：木排头——单车一把往边上一靠，就可肉菜带回家。

左页图：木排头——买之者与卖者之间通常都是朝夕相见的街坊。在街道上，他们总是相互依存彼此关联。

左页上图：泰康路头每天可见的生活场景。

左页下图：闲暇时读读报，今天有什么新闻？

右图：一边工作一边聊天，这种做夫的功多是意街坊，收费较坊们乐于低，街坊通常也光顾。

左上图：街道上的三代人——简单、平淡，却呈现出日常生活的温馨。

左下图：街内的鲜鱼及猪肉摊档。档主通常是天没亮就到江边码头及批发市场上取货，一大早运到此地摆卖，日复一日地辛劳。

街中每个人都是独特的，他们被人注视，也在注视别人。（摄影/徐晖）

上图：老旧的街道人空也日驳杂的街就是许多营生的人生的空间，当然也是他们每日驻的场所。(摄影/徐晖)

下图：街上人总是充满的活动。今日的城市，能够看到如市面必此丰富的生活画区想的街区将越来越少。(摄影/徐晖)

右页图：街头的补鞋匠。生活中时常需要但不是随时可以遇上。

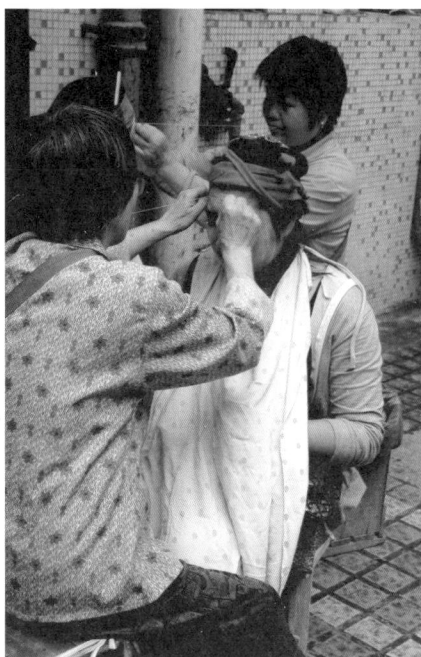

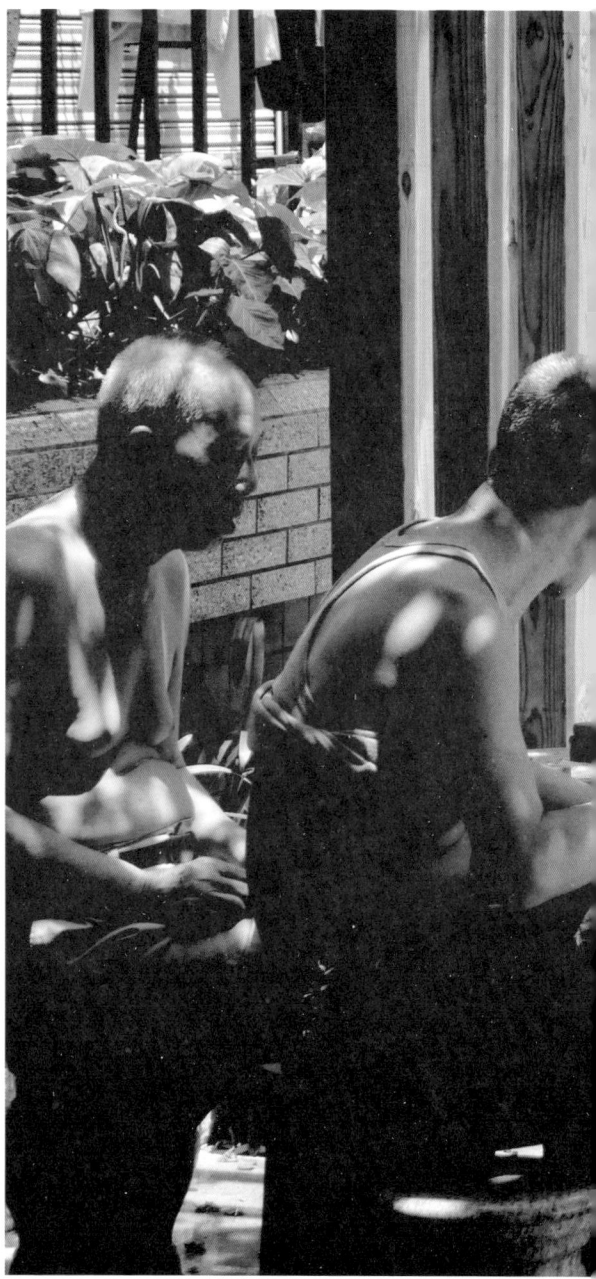

左上图：街中偶或可见：界脸美容。

左下图：日常食品、日常用品、粽叶和粘鼠胶都在经营范围中。

世事如棋："捉番盘棋共行乐，冲破内心藩篱。"（摄影/徐晖）

上图：老城的多层居民楼房下多有类似的信箱及告示栏。

左下图：光顾特色食店。

右下图：从大德路进入走木街所见。沿街有多间已经营多年的水果铺。(摄影/徐晖)

家门前的小店，旧时似曾见过的书刊杂志静候在逼仄的门道旁，总会等到它的需要者。

在某个街角，说不定就会碰上一间古色古香的或风格时尚的"茶居"，还可以在里面一个色调温暖的角落找到舒适的"茶位"。
(摄影/徐晖)

通行于天桥。在中间自行车道上负重上行需要相当的体力。

右上图：从解放南路西侧进入古老而又繁闹的濠畔街，只是街道的特色已不同。(摄影/徐晖)

右下图：中山六路，2010年盛夏的某个午后。(摄影/徐晖)

这里的街区空间是今日城中最世俗化，
也最为普通的平凡生活场所。(摄影/徐晖)

信仰之地：
大佛寺、五仙观、光塔与石室

　　此地集中了不同建构风格的多种宗教场所。历史上曾经存在过许多不同规模的庙宇、寺观以及教堂等，足见这片城区一直以来宗教生活之盛。如今保留下来的都是具有足够代表性的经典场所，且至今信众如云香火鼎盛。从这些场所不仅可以了解城市的历史，更可以看到世俗生活和地方信仰的某些演变。

　　这里的市民多信奉地方宗教，兼及诸神，祈求神祇庇护获得平安，或者希望在艰难的尘世生活中获得精神的慰藉。唐代时这里"番坊"一带已经居住着数以万计的外国人，本地居民与这些来自不同文明及不同宗教背景的外国人之间联系密切，相处得也颇融洽，不同的宗教生活也彼此相容。这种传统在此后岁月更趋巩固与多元，直至近现代形成东西方众神共处、各司其职的格局。当然本地居民大多始终是奉行本土信仰。如今，区内各大庙宇香火更趋鼎盛，人们依然是希望通过拜祭来祛灾除祸，保障平安，还通过积德行善祈求今生来世有善的轮回报应。做生意的则希望生意兴隆，财源广进。甚至婚姻、学业、就业等人生大小目标都可以在这里祈愿。还有众多外来打工者在此祈求生活如愿，期望庇护远方的亲人及寄托思念之情。而在教堂的钟声里，虔诚的教徒内心默念着祷辞，祈求精神关怀和神的眷顾。

　　在长堤与惠福路之间，多个著名的宗教场所就是世俗生活的一片信仰之地。人们在这里获得精神的安顿和心灵的抚慰。灵魂似是大地上的"异乡者"，像海德格尔（1889–1976）所说，当灵魂不再逃避时它就能够寻找到大地，作为灵魂本质的精神就能在这信仰之地听从召唤向天际上涌与升腾。[①]拜祭神祇一直是这里市民生活的组成部分，在建筑密集的老城区中，那些宗教建筑总是相当精致与宏伟，当然属于公共生活的场所。

著名的大佛寺就坐落在区内惠福东路惠新中街，是广州五大丛林之一。广州大佛寺为南汉王刘岩(904–971)始建。明代扩建为龙藏寺，清顺治元年（1644）毁于火。清康熙二年春（1663）平南王尚可喜仿京师官庙制式结合岭南地方风格重建殿宇，具有较高的文化艺术观赏价值。寺中的大雄宝殿坐北向南，建筑面积达1200平方米，至今仍为岭南地区最大的宝殿，历300多年而风貌尚存。寺内的藏经阁藏有《乾隆大藏经》、《频伽大藏经》、《大正藏大藏经》、《洪武大藏经》等不同版本的大藏经数部。1921年大佛寺成立"广州佛教阅经社"，孙中山先生亲笔赠书"阐扬三密"四字匾额以示鼓励，匾额至今仍然存挂在大殿门前。

老城区有许多历史悠久的宗教建筑（摄影/徐晖）

①参见[德]马丁·海德格尔《诗中的语言——关于特拉克尔的诗的探究》，转载自刘小枫主编《20世纪西方宗教哲学文选》（下卷），上海三联书店1991年6月第1版P.1236~P.1281

五仙观（摄
影/徐晖）

2000年9月，大佛寺成立了省内第一家面向社会开放的现代化佛教图书馆，2003年被列为"广东省立中山图书馆佛教分馆"。全馆占地664平方米，8000余种共4万余册藏书均采用现代化电脑管理，还有大量佛教音像供读者借阅。在2010年亚运会前，大佛寺更是结合构建"佛教文化中心"进行扩建。第一期工程在当年7月拆除西湖路部分骑楼街基础上建设5层高仿古风格的"大佛寺佛教文化中心"，并在后殿外辟出小广场直接面对北京路步行街。之后将陆续推进第二及第三期工程，拟恢复大佛寺历史上的基本格局。

在惠福西路则有另一处重要寺观，即与城市起源的"五羊传说"相关的始建于北宋年间而于明代迁建于现址的五仙观。①相传周朝时有五位仙人骑着五只口衔稻穗的仙羊降临楚庭，把稻穗赠给州人，祝愿此地永无饥荒，而今五仙观所在之处就是当年五羊降临之地。深藏于老城中的五仙观是祭祀五仙的谷神庙，属于道教寺庙。寺观坐北向南，门上大匾上有清人书写的"五仙大观"四个大字。五仙观为绿琉璃瓦重檐歇山顶，木构架保存完好，玲珑新巧。现存有头门、后殿、东斋与西斋。后殿东侧裸露的一块红砂岩，上有巨大的脚印凹穴，古人认为这是"仙人拇迹"而重点保护下来。五仙观后面矗立着一座禁钟楼，是明洪武七年（1374）由行省参知政事汪广洋所建，楼宇跨越路面的通道，正中的拱券门洞前后贯通，呈城门形状，上面覆以栋宇飞檐，古朴雄浑，而细部则精巧玲珑，总高约17米。这座钟楼被称为"岭南第一楼"。顶楼上悬挂一座重约5吨的明代青铜大钟，为广东现存最大的青铜大钟，《广州府志》说"扣之声闻十里"。可以想象，当年若是钟声敲响时，那震撼灵魂的声音飘荡于城市上空，城中几乎每个地方都可以听到它的召唤。

旧日番坊内一座宏伟高洁的清真寺，比上述两处宗教场所出现得更早。由阿拉伯各国的侨居者和客商于唐朝初年在今光塔路捐资兴建的这座清真寺，②为表达对伊斯兰教创始人穆罕默德的怀念而取名怀圣寺。经三道门进入寺内，沿着一条南北向的主轴线，先后是看月楼、礼拜堂和藏经阁。看月楼是一座上盖绿琉璃瓦的厚重的城门楼式建筑，下层四壁各有一个拱门，是清康熙年间（1695）重建的。礼拜堂则是1935年重建。怀圣寺

①史籍记载五仙观在历史上屡经兴废，所在地也屡有变迁。北宋时始建于今广仁路一带的十贤坊，后一度迁往今南方戏院附近的药洲，复又回迁旧址，明洪武十年（1377）再迁建于坡山现址。

②据[清]仇巨川纂《羊城古钞》载：光孝寺为"唐时番人所建，内建番塔"，另据吴庆洲著《广州建筑》（广东省地图出版社2000年3月第1版）载：光孝寺的始建年代有多种说法，一说为唐贞观元年（627），一说为唐贞观六年（632），一说为唐开元二十九年（741）前后，还有认为建于南宋。

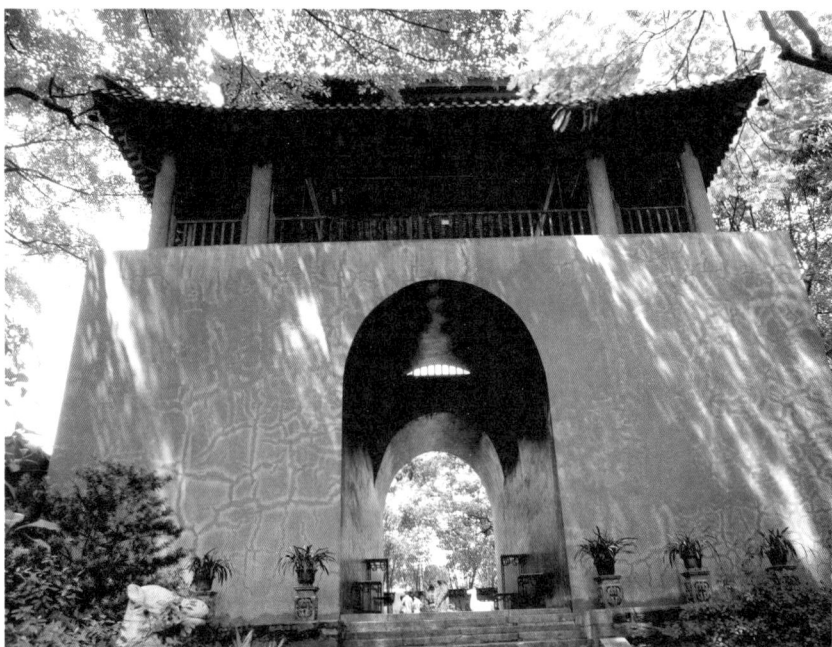

上图：五仙观（摄影/徐晖）

下图：五仙观内的岭南第一楼（摄影/徐晖）

最重要的建筑是怀圣塔，广州人俗称"光塔"。怀圣寺光塔是伊斯兰教宣礼塔，塔高36.3米，底径7.5米，呈下大上小的圆筒形，在长条石的塔基上以青砖建造，塔身光滑。塔内有两条螺旋梯级可登至圆拱形的塔顶。光塔寺是伊斯兰教传入中国后最早兴建的清真寺。那时候，每天都有教徒在塔内进行晨礼、晌礼、晡礼、昏礼、宵礼等五时的礼拜。每逢宗教节日，番长更是亲自带领伊斯兰信徒到塔内做祷告，宣讲教义。初唐时今光塔路一带仍属珠江岸边，临江矗立的光塔还是商船进港的导航标志。早期塔顶装有金鸡状的风向标，每年五至六月间，伊斯兰信徒便在黎明前登上塔顶，祈求信风吹送，以利远方航海者到来。唐初穆罕默德的母舅宛葛素就是乘坐商船到达广州，他带来30册《可兰经》，并住在怀圣寺。如今，这里是广州伊斯兰教协会所在地，依然是生活于广州的阿拉伯各国穆斯林的礼拜场所，它的周围则是建筑稠密的街区。

在弥漫着世俗气息和街市烦嚣的一德路，东边一个街角静静矗立着一座遗世独立的大教堂。这座建造于1888年的石室圣心大教堂时常在不经意间给路人带来视觉冲击与灵魂震撼。这冲击与震撼不仅来自宗教也来自文明，当然也来自对一种异域宗教与文明的建筑艺术的魅力体验。教堂正面两座灰褐色尖顶塔楼直指天际，人们首先就被这种竖向效果所传递的崇高感和建筑本身的巨大体量所震撼。整个教堂是用花岗石砌造。正立面的三个尖拱门高大又精雕细刻，上方巨大的圆形玫瑰窗镶嵌着绘有各种图案的彩色玻璃，窗两旁是高高的以精致直棂支撑的百叶窗。两座尖塔的基部建有一些小尖塔，环护着高耸的大尖顶，推助教堂向上的动势。在清晰分为四层的整个外立面中，附着了许多精细繁复的雕镂装饰，这些雕饰连同整个教堂作为"石头的杰作"，给人以坚实无比的质感，表达精神崇高和绝对永恒的理念。这是一座典型的哥特式建筑。进入教堂，只见中厅两旁整齐列立的石柱像喷泉一样从地面向上直冲到高高的拱顶，构造出深邃而又向上升腾的巨大空间，形成神秘而又庄严肃穆的氛围。光线就从上部镶满彩色玻璃的高窗中透射下来，这是宛若来自天堂的梦幻般的光，它在教堂内部形成了丰富的光影变化，"其中的光要比现实世界的光更为明亮，其中的影则更为神秘莫测"，[①]这种在宁静中渗透于每个角落的光影变化

① 见埃米尔·马尔《法国13世纪的宗教艺术》，转引自奥古斯特·罗丹[法]《法国大教堂》(8)广西师范大学出版社2002年9月第1版P.78

光塔（摄影
/徐晖）

显现了建筑的生命韵律。

　　法国人用了25年时间来建造这座大教堂。设计师深受经典哥特式建筑巴黎圣母院的影响，因而赋予了这座建筑典型的哥特式风格。工程完全采用广州附近的花岗石建造，使用了中外大量能工巧匠。人们发现，大教堂前面东西两侧角石上分别刻有"罗马1863"和"耶路撒冷1863"字样，标示教堂奠基的时间，同时寓意天主教创立于东方之耶路撒冷而兴盛于西方之罗马。两块角石下面还分别藏着当年取自耶路撒冷和罗马的用作奠基的泥土。同时还发现，大教堂的主厅并没有像通常哥特式教堂那样呈东西向，大门朝西，而是呈南北向，正立面向南，这大概是为城市街道走向而作的灵活改变。大教堂为适应广州而作了一些调整。

　　在这片老城区附近还有一些重要寺庙，包括矗立于六榕路的始建于南朝梁大同年间的宝庄严寺即六榕寺和位于中山四路忠佑大街的建于明代的城隍庙等，这都是许多人的心灵归属之地。

位于一德路
的石室大教
堂（摄影／
徐晖）

左页图：石
室内部

小教堂

位于沙面的教堂

多元混杂：
诗书、竹木山货、建材装修市场

长堤与惠福路之间的主要街道，近数十年来其面貌趋向某种专业的街道市场：时常是前店后厂，即沿街的门店后是内街的简单加工点，也有的内街是作为发货的仓库。沿街景观有点趋同和单调，但这种"平庸"的街道支撑了许多人的生活，甚至成为区街经济的基础。

现在已经很难从街道的名称想象街道的历史并且将其与现实景观相联系。那些见诸史籍记载中的沿革与今日所见的景色大相径庭。但在许多人的心目中它们是生活的街道，因此甚至是浪漫的街道。而且，不同的街道秉持不同的专业或者多个主要的专业，在整体上形成了多业混杂、多元聚合的格局。长堤与惠福路之间的街道，就是这样一种现实中的街道。

诗书路的名称充满文化气息，一听名称就让人喜爱。但现实中的街道也并不是想象中的浪漫书香飘逸。但这街道确实因读书而来，诗书路附近以前是私塾聚集之地，街道因此得名，今日街上还有多家书店以及一些报纸的客户服务机构。诗书路北起纸行路南至天成路，全长近500米，宽8米，这是区内一条名称与现实仍算贴切的街道，它似乎让城市多了点儿书卷气。

但附近的大德路完全是另一回事。从旧城墙和归德门演变而来的有许多骑楼建筑的大德路，现在是一条地道的五金用品店铺之街。格局大致如一的店铺，虽不算密密麻麻，但从东到西绵延不断。一样的店铺，同样的陈设，以及通常是无精打采地蹲坐着的店员，大德路给人的沉闷单调之感尤其强烈。但这无关紧要，旧式骑楼街的景致，以及一抹斜阳在廊柱之

间的游移，可能已经令你沉浸于旧日街道情景的想象中，漫步于此，总的来说还是惬意的。这里来往车辆较多，交通繁忙时相当挤塞。大德路在1966年"文革"期间曾改称秀丽三路，1981年恢复原名。

南面与大德路平行的是大新路。大新路的东段是广州鞋业最重要的集散地，称为"鞋业一条街"，沿街尽是经营批发兼作零售的鞋店，以及经营鞋料、皮革等的店铺，举目所见蔚为壮观。但是单调沉闷也是这里街景的特点，尤其这里行人相对较少，你会杞人忧天地担心这里的店铺何以经营下去。街道西段有些具有岭南特色的传统手工艺商店，包括雕刻象牙、扎做醒狮、狮鼓乐器、珠宝玉器等，从店面看来光顾者似乎也不太多。然而这里的广州大新象牙工艺厂是驰名中外的象牙雕刻厂家之一，在国内外享有盛誉。大新路整个路段通常都是静静的，除了位于这里的著名的第三中学上学或放学的时候。

再往南就是一德路。明清时期一德路俗称为"三栏"，即果栏、菜栏、鱼栏之谓。街道的这一历史特色大概是传承于它旁边那条千年古街卖麻街吧。近百年以来直到如今，一德路长久地以经营海味、干果杂货而闻

大德路（摄影/徐晖）

大新路：乐器
店内的情景

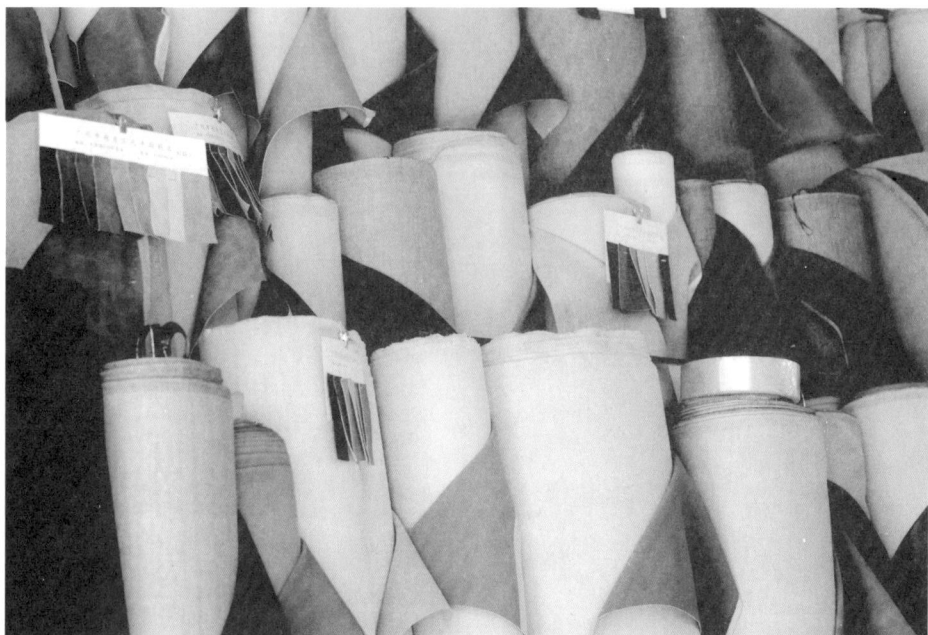

上图：大新路皮料店

下图：在大新路所见的狮鼓乐器店面

名，在珠江三角洲一带乃至东南亚地区有相当大的知名度。尤其每年临近农历新年，生意特别兴旺。另外，人们未必知道一德路是城中最初出现骑楼建筑的街道之一，这里的骑楼街还在相当程度上得以保存。有趣的是，这条充满商业味道的街道，东段矗立着著名的石室圣心大教堂，物质与精神彼此调和，可能是一德路的另一种魅力。如果再联系到它是因历史上著名的一德学社而得名，又会给人一种怎样的感觉呢？

沿一德路往东越过起义路就是泰康路。如前所述，在清末新城南界城墙基址上修建的泰康路，因为邻近珠江，远近各地用船运来的竹藤棕草大都在这里上岸，所以街道建成之后很快就成为远近闻名的山货、竹木、藤具的店铺聚集之街。繁盛时期这里经销的货品种类数以千计，远销珠江三角洲、南洋及欧美。今日这些传统专业店铺主要集中在街道西段及迥龙路附近，在那里还可以闻到山货竹木带有乡土气息的芳馨。街道的西段，则在近数十年间演变成了专营建筑及家居装饰材料的专业街道，建筑装饰店铺沿街而立，鳞次栉比，街道对面还有大型的室内市场。事实上，街道两端的经营都有极大的关联性，由此而言，泰康路从传统的山货、竹木、藤具市场向经营建材、五金、灯饰、洁具等转变也是顺理成章。

如许多街道一样，旧时泰康路实在是一条令人随时产生亲近感的生活的街道。这里店铺经销的许多货品都是日常生活所需要的，因此特别有生活味。龙门竹席、新会葵扇、沈家蒸笼、邓家米筛、沙贝藤席、黄岐藤椅、晾衫竹、蚊帐竹，这都是些令人感念的曾经流行的日常生活用品。今日街道所经营的也与日常生活密切相关。由此可以联想街道名称的来源。有一传说指当时主政广东的杨永泰为了把自己的名字留在历史中，把"永"、"泰"二字分别用于永汉路以及万福路的其中一段，因而取名泰康路。但已有考究证实这只是趣闻而已。我宁愿相信是因为这街道充满了日常生活味道，因此取意"国泰民康"而命名之。

这里还要说说惠福路的东段，即惠福东路。由于邻近北京路步行街，惠福东路长久以来都是人流兴旺的街道，且有众多的各国餐厅食肆。惠福东路的景观特色早在街道修建初时已经定位为当时城区内为数不多的林阴大道之一，街道两旁种满树木，形成浓密的树阴。在2010年亚运会即将到来之际，惠福东路进一步演变，改造成惠福美食花街，还变成全日制步行街作为北京路步行街的新的组成部分。惠福美食花街包括了全长110米的禺山路、全长250米的惠福东路(北京路–教育路口段)以及全长120米的书坊街三个路段。当中有数十家餐饮企业，以特色小吃为主同时包括东南亚风味菜色，以及西餐、韩菜、葡菜等。惠福东路将成为城市与街道文化的新亮点。

此外，还有广州起义路专营印务、旗帜、铭牌、礼仪用品的传统特色，米市路的电子一条街，以及海珠路的制冷、保温材料设备之街等等。长堤与惠福路之间始终存在某种商业特性，外在的物质结构在市场经济驱动下，呈现为某种行业聚集、成行成市的专业市场街景。尽管之前曾经存在过城和城墙，但今日之所见依然让人联想起关于广州不是"城"而是"市"的著名论断。确实，在这里，街道时常就是作为一个巨大的市场而存在的。

这与罗马的古老街道有某种相似。中世纪遗留下来的行业街印记，譬如制帽商之街、制锁匠之街、制箱者之街，以及夹克和紧身上衣制作商之街，①实在是古今城市街道演变的某种异曲同工，以及街道作为生活场所的某种诠释。长堤与惠福路之间的大多数街道，就具体某一条来说是单调的，那是一种"繁杂的单调"，但就区域整体而言则是多样的，那是一种"单调的繁杂"。旧时街道那些历史浪漫似乎已经退去，剩下的就只有作为纯粹物质的街道。但是在一如旧时行业街的貌似平庸的繁杂与单调之间，焉知不能产生新的历史与浪漫的精神？

右页图：大新路上的乐器店。

①见国家地理学会旅行家系列《罗马》，辽宁教育出版社、贝塔斯曼亚洲出版公司2002年4月第1版P.153

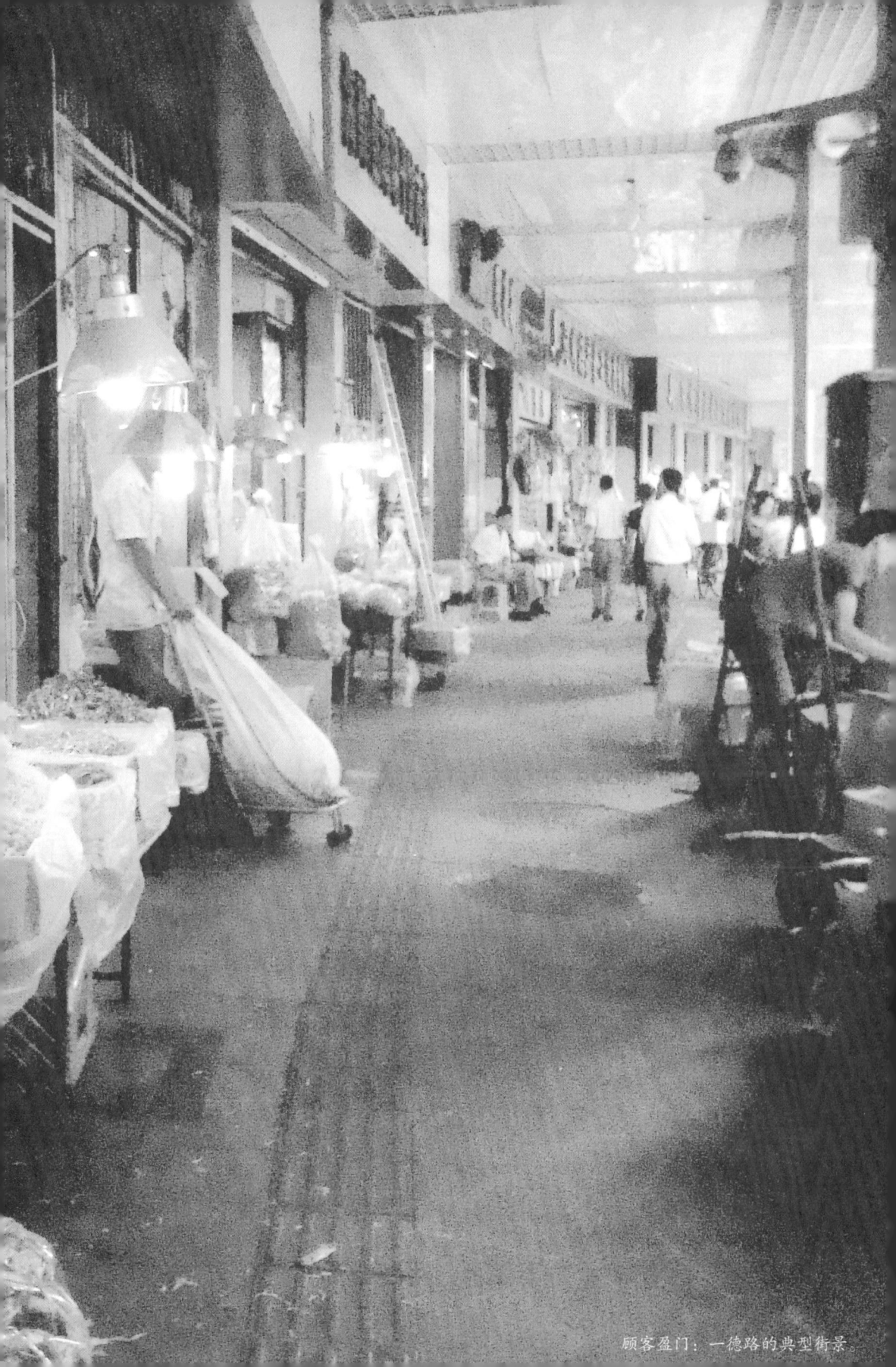

顾客盈门：一德路的典型街景

门店摆设的
吉他

泰康路一带

大新路上的
瓷画店

上图：诗书
路。（摄影/
徐晖）

下图：泰康
路一带的竹
木店。

"穿衣戴帽"后的一德路。

第四篇
在历史与未来之间
永恒漫游

　　街道是属于历史的，它的绵延空间都是或久远或新近的过去的遗存和以前的杰作；街道又是属于未来的，它的凝固景象定然要被无尽的前景所改变。而"当下的街道"是多么短暂，我们往往还没来得及细细观赏，那些街景即已成为历史。广州街道正是这样——作为历史的街道这里每个街角都留有岁月的印记，作为未来的街道这里每个景物都暗喻着未知的改变。置身于这南方都市流逝中的街道，我们注定要在历史与未来之间充分捕捉及感受当下，在当下的每一个瞬间永恒漫游。

街道是凝固持存的历史之河

　　古代广州街道大多是顺着地形弯弯曲曲自然伸展，并且总是不太宽阔的。布局上也表现为因地制宜的变化与不规则，除为数不多的几条官道及商业繁华街道之外，其余通常只有3~5米宽。街道是城市的动态部分。初时这座城市的交通运输更多是依赖网状密布的水路，后来随着马匹及轮式车辆增多，人工修筑的街道陆续出现。街道伴随着城市发展而演变。唐开元初年至兴元年间的数十年中，广州当局多次整治修葺城区，在普通民居中大力推广砖瓦房，同时改造坊市、拓宽街道。今中山路和北京路分别作为东西向和南北向的主要街道，此时已是店铺林立初步成形。在城西今光塔路附近还出现了外国商人聚居的"番坊"。宋代广州延续从唐代开始的做法，更加积极鼓励市民烧砖制瓦，在普通民居中大量采用砖瓦建材，砖瓦民居得到广泛推广普及，城市建筑及街道面貌焕然一新。在中、东、西三城以及东、西雁翅城的城墙内，沿着略为弯曲狭窄的铺着砖石的街道，可以看到错落排列的砖瓦房屋，还有夹杂其中的木构建筑乃至竹木建筑，这就是当时常见的街道景观。多数的沿街建筑是低矮的。但在城市中心区和城门附近街区，出现了越来越多造型各异、体量较宏大的建筑。在原唐代清海楼基础上改建双门的拱北楼、市舶提举司署所在的海山楼、重修于北宋年间的六榕塔等重要建筑以及大量的亭台楼阁，错落遍布城中，与历代留存的越王台、越华楼、怀圣寺光塔等共同构成了古时广州的街道及城区天际线。明清时期广州城区不断扩展，城墙跨到越秀山上，街道也在演变。清康熙至同治年间城西一带街区进一步开发，辟建了网络状的街道，并逐渐在沿街形成具有晚清特色的"西关大屋"，成为城西的独特街景。

街道有效地扩展了城市聚集物质资源的能力，因此在其附近总是连带出现城市生活的一种规律性产物，即市场。宋时广州有东澳、西澳两处内港，位于今清水濠一带的东澳是广州的盐运码头，位于今南濠街附近的西澳则是对外贸易码头，两地均交易繁盛街巷繁华。明代时街道沿线及附近陆续出现了米市、花市、茶市、鱼市、果栏、菜栏、油栏等大型集市。城南紧邻玉带濠的濠畔街，更发展成为游人如织的海内外珍奇杂货的交易场所，称"百货之肆"。从城区历史演变可以看到，许多市场像城市其他要素一样，总与街道紧密关联、相伴而生。另一个要素即市民举行祭祀仪典的神圣场所——寺庙，也与街道密切相关。某种意义上城市及街道正是开始于这些永久性的神圣场所。街道的形成既为交通，也为交易，还为四周居民聚集供奉神明及寄托精神。广州宗教生活源远流长，历代不衰，光孝寺、六榕寺、海幢寺、华林寺、大佛寺等五大丛林，以及五仙观、城隍庙、三元宫等大量不同规模的寺观庙宇遍布城中及街道沿线。那些砖石铺砌的相对狭窄的路面，以及两侧的民居、集市、殿阁、寺庙，也就构成了古代广州街道因时代不同而持续演变的景观结构特征。

伴随全球史时代的到来，广州开启了城市近代化进程，城市街道也随之开始近代演变。最初时期，俗称为马路的，作为城市干线的街道多为13~16米宽。这些近代街道的修建从19世纪80年代开始，1886年张之洞在修建天字码头时，同时在码头附近修建了一段约1.5公里长的马路，成为广州近代街道的开端。[①] 20世纪初年，在修筑从东濠口到沙面附近的珠江堤岸时，沿堤岸修建了近1000米长、16米宽的新型街道，由东堤、南堤、西堤三段组成，总称为长堤。这条沿江街道不仅路面宽阔，设置标准，而且沿街种有树冠浓密的小叶榕树。后来又修建了宽13~15米的东堤二马路、南堤二马路和西堤二马路。1918年广州市拆除城墙和城门，利用城墙基址修建了太平路、丰宁路（今人民路）、越秀路、万福路、泰康路、德宣路等共10多公里长、25~33米宽的新型街道。这项广州市第一个大型市政建设工程，短时间内动迁了4000多铺户，掀开了近代广州新型街道建设的高潮。1925年修成的沥青路面的双向林阴大道白云路，路面宽达50米，成为当时街道的典范。至1928年，全市已有新型街道62.6公里。之后继续

① 参见杨万秀、钟卓安主编《广州简史》，广东人民出版社1996年3月第1版P.388；张仲礼主编《东南沿海城市与中国近代化》，上海人民出版社1996年7月第1版P.270

街道是属于历史的。

推进规划建设，以市区生活及商业发展为主体，兼顾市郊和工业区交通以及城市出入的通道，布局大致呈棋盘状。30年代陈济棠主政广东期间，广州市政建设速度进一步加快，市区主要干道全部更新为近代街道。1932年制定的《广州市城市设计概要草案》统一了市区街道的标准，规定行政区干道为30米宽，住宅区和工商业区干道为25～30米宽。这个时期修建了西湖路等24条街道，还整理了数以千计的市区内街。1936年全市新型街道总长度达138.8公里，至1949年达到228公里，广州近代街道建设的速度与规模在当时全国各大城市中居于前列。[1]重要的是，这些街道及其网络构成了近代广州的基本城市框架，是广州城市近代化的重要物质及视觉标志。

当代广州的城市建设极大地改变了广州的街道状况。1949年广州解放后，海珠桥区、西堤区和黄沙区等街区迅速重建。随着城市经济的恢复，广州逐渐形成包括中心区和外围区在内的整体发展布局，其中道路建设成为城市建设的重点得以迅速发展。这时候的广州街道，既具有传统色彩又带有现代特征。特别是改革开放之后，在市区原有街道和城市迅速扩展的基础上，广州街道进入现代蜕变与急速扩张的发展时期，新开辟了标准而又壮观的广州大道、天河路、黄埔大道、体育东路、体育西路、康王

① 参见张仲礼主编《东南沿海城市与中国近代化》，上海人民出版社1996年7月第1版P.271~P.272；杨万秀、钟卓安主编《广州简史》广东人民出版社1996年3月第1版P.482

路、站前路、站南路等众多干线街道，以及五羊新城、珠江新城、大学城、白云新城、亚运城等多个庞大的街道网；与此同时又拓宽及改造了东风路、解放路、中山路、新港路、五山路、江南大道等重要路段，全面更新了这些街道的物质设施。2005年广州市区道路总长度超过5100公里，比1949年的228公里增加了22.3倍，一个空前巨大的现代街道体系已然呈现。而重要的是，经此数十年发展，广州街道已经从传统的呈平面形态的"马路时代"进入空间立体时代，人行天桥、高架路、高速公路、轨道交通、BRT快速通道等有机组合，构成了这一时期城市街道的新景观。

　　事实上，当广州城市街道进入近代化时期，西方国家的城市街道已经历了2000多年丰富复杂的演变，并且形成了同样丰富复杂且相当成熟的街道范式。有趣的是，那时广州陆续出现底层有公共柱廊的俗称"骑楼"的沿街店屋式建筑，它们紧密排列成为具有连续廊道的骑楼街，这种骑楼街恰好在风格上与2000多年前古罗马规范其街道标准时大量采用的拱廊街道相呼应。

　　人们认为现代城市街道的设计及技术起源于古罗马的街道标准和路面铺装法令。[2]这些最早可以追溯至公元前100多年的书面法律，规定古罗马街道的最小宽度是4.5米。此前的街道并没有什么规则，两旁的房屋又矮又小。后来那些高耸的绕柱式房屋大量出现，并且密集排列形成了类似于古希腊的拱廊街道。古罗马确认了这种风格，同时规定这些沿街建筑物的最大高度不得超过20米及不能超过六层。按照规范的标准，古罗马街道使用玄武岩石板铺装。街道两旁是垫高的人行道，通常也以石材铺装，两边人行道的宽度约为街道宽度的一半。这种垫高人行道的古罗马城市街道，就是现代城市街道的历史原型。

　　古罗马帝国解体后，许多古罗马城市随之衰落，城市街道情况日趋恶化，包括罗马、博洛尼亚、那不勒斯以及巴黎等在内的城市，街道空间被私人建筑侵占，路面杂乱无章。此时不断增长的商人阶层势力显示力量，要求改善街道交通。

　　到了13世纪文艺复兴时期，阿尔伯蒂、帕拉第奥等欧洲城市规划专家再次强调完美的街道布局，唤起人们对城市街道建设的重视。阿尔伯蒂

②见[美]迈克尔·索斯沃斯、伊万·索本－约瑟夫著，李凌虹译《街道与城镇的形成》，中国建筑工业出版社2006年9月第1版P.15

虽然赞赏宽广笔直的街道使城市变得更加宏伟壮观，但他却极力推崇弯弯曲曲的街道。中世纪欧洲城市通常把街道建得不太宽阔又略为弯曲，且常有急转弯和顺着地势的缓坡起伏。那时街道主要是人步行的交通线及日常活动空间，车辆交通是次要的。略为狭窄的街道可以使冬天的户外活动比较舒适，而在南方则可使人免遭日晒雨淋。阿尔伯蒂为这种弯弯曲曲的街道写了一篇分析透彻的辩护词，认为街道还是像河流那样弯弯曲曲的好，这样的街道会使城市更加了不起，而且具有安全保障作用，又具有亲近感及潜在的美学，这是既令人愉快又有益于健康的。后来许多城市史学家认为，在对中世纪城市街道的分析中，没有比这些评价更为公正了。而帕拉第奥则欣赏那些两旁建有柱廊的街道，认为这样的街道不仅可以让居民专注于想做的事情免受天气变化的干扰，而且符合美的原则。

这时那些具有纯粹几何形状的笔直的街道也颇具魅力，其中建成于16世纪50至70年代的意大利热那亚城的鲁欧瓦大街可谓雄伟而不朽。这条文艺复兴早期的街道，两旁尽是富丽堂皇的府邸，它们样式不一却以相同的间距组合排列在约8米宽的铺装街道两旁。佛罗伦萨人乔治·瓦萨里（Piorgio Vasari）认为这是整个意大利最华丽和宏伟的街道，他设计建造的著名的乌菲齐大街与此十分相似。

之后，法国人在罗马街道基础上推出了一种相对轻巧而又不失坚固的街道标准；英国人则将街道铺装得低而平整，步行道以路沿石分隔并相对升高，称之为"现代化"街道；美国人在17世纪时期也开始对城市街道进行标准化铺装。还有风景如画的郊区化街道、笔直且秩序井然却了无生趣的"拜—诺"式街道[①]、回归中世纪式无规则的具有自由感的街道……

机动车时代的到来加速了城市街道的深刻演变，尽管早期不少人曾经拒斥而后才逐步接受这种革命性的交通工具。随着汽车更多地在城市出现，欧美各国兴起了对街道的全面规划，力图以完美的空间秩序塑造与机动车时代相适应的更为规范和标准的技术性城市街道。

世界各地城市的规模迅速膨胀，伦敦、巴黎和纽约等更是急速扩张。在那些巨大的城市，街道修建得更加宽阔，两旁不仅出现了宏伟的新公共建筑物以及咖啡店、办公区、大酒店、百货商店等，还耸立起巴黎风

① 英格兰在1875年颁布了"拜-诺"街道（the "Bye-law" street）法令，在此法令推动下，当局创立了一种深受17世纪欧洲新古典主义城市设计影响的整齐划一的街道模式。详见[美]迈克尔·索斯沃斯、伊万·索本-约瑟夫著 李凌虹译《街道与城镇的形成》中国建筑工业出版社2006年9月第1版P.42

右页图：我们行走于城市的街道，就如同在静静流逝的历史河流中漫溯。

格的先锋建筑和纽约风格的摩天楼。与此同时，城中还出现了两旁或中间种有树木的巴黎式的林阴大道或维也纳式的绿色环城街道，之后，凌空飞架的高架路、巨大的苜蓿叶式立体交叉、多车道的快速路等新的街道形式大量出现。

这当中既有流行于20世纪初叶的纵横交错的直线格栅街道模式，又有美国城市规划师斯坦和赖特基于英国花园城市理念的兰德博恩城市街道——突破格栅街道限制的安静且与绿地相通的尽端路居住街道模式，还有英国城市规划师勒·柯布西耶基于美国格栅城市设计的公园式环境的高架街道。

从20世纪70年代开始，共享街道理念推动了新一轮的居住街区的街道设计革命，最初产生了荷兰人德·波尔所设计建造的乌勒夫街道模式。[①] 这种模式将交通与居住活动统一在同样的空间中，其设计特征是将街道视为居住性的公共空间，不鼓励交通畅行无阻；行人与汽车共享路面，但行人优先，可以在街道各处步行、娱乐；车行道与人行道没有严格区分；车速和行车受自然状态的屏障、弯曲度等约束。乌勒夫构想很快成为欧洲大陆和日本、以色列等国家实施共享街道的基础，形成了在各国街道建设中具有持续主导性影响的"联合街道系统"。

而在美国，关于优秀街道的构想也逐渐发生转变。针对以往宽阔的街道、城市高速公路、停车场等大量开发惊人地耗费土地，客观上形成了大量闲置的街道空间，自20世纪90年代起，多个城市兴起"街道瘦身计划"，大幅度缩减街道的宽度，推广适度狭窄的街道。

……

城市和城市街道的演变源远流长，丰富复杂。每个历史时代都有与之相应的城市，街道则以自身独有的方式记录城市的历史。每一条街道既是历史的产物，又是历史的承载者。历史持续不断地在街道积聚，街道上总是留有不同时代的印记。即使经历漫长的岁月，这些印记依然会以某种方式在街道上留存、呈现，或者是某座建筑，或者是某片街石，又或者是街道的形态、结构、尺度、氛围乃至被岁月磨蚀得难以察觉的某些痕迹。历史深深融于街道，蜿蜒的街道是凝固持存的历史之河。

① 荷兰语，意即"像丛林一样的园地"，见[美]迈克尔·索斯沃斯、伊万·索本-约瑟夫著，李凌虹译《街道与城镇的形成》，中国建筑工业出版社2006年9月第1版P.112

　　我们行走于城市的街道，就如同在静静流逝的历史河流中漫溯。往往在不经意的什么地方——街角、拐弯处或屋檐下，会蓦然读到城市的历程和以往的生活。在那些闻名于世或不太闻名的街道上，我们时常可以体验到街道的这种历史凝固持存之感。这是街道所给予我们的极为重要的感受。

　　在广州，且不说显赫的北京路及其"千年古道遗址"，光是普通某条街道譬如六榕路，就足可让人深感历史的独特存在。沿六榕路从北往南行，在两旁密集的民居当中，首先可以看到始建于南朝梁大同三年（537）而又重建于北宋元祐元年（1086）的六榕花塔。这座57米的高塔连同整座以初唐大诗人王勃的题字命名的六榕古寺，朱栏碧瓦、色彩斑斓、古朴庄严，恍若令人重回唐宋。再往南行，街道西侧是明清时期南海县衙所在的旧南海县社区，区内有大量建于20世纪20~30年代南洋风格的华侨建筑群以及《大公报》报社旧址；东侧是明代中期提督府行署及清康熙年间统领驻粤八旗兵的广州将军府的所在地，如今此处还复建了一幢漆红色的将军府大门。南边交会的将军西路一带，明显带有西方风格的连片

历史持续不断地在街道积聚，街道上总是留有不同时代的印记。

楼宇则标示了近代时期的城市社区。所有这些依然鲜活的构成今日街道的元素，至今清晰地彰显着历史长流不息的存在。

同样，从巴黎塞纳河左岸进入并漫步于圣米歇尔大街，俨然是一次盛大的历史之旅。你可以在街道东侧看到古罗马遗迹，建于公元3世纪的高卢—罗马浴池就坐落在那个收藏了大量中世纪艺术品的克吕尼博物馆内。这个前身为一座中世纪民间宅邸的博物馆，建于1480年至1510年间。尤其是街道东边以巴黎保护神的名字命名的圣热内维埃夫土丘，时刻令人想起罗马占领时期的城市；而附近的克洛维路则令人想起法王克洛维打败罗马人建立法国的历史辉煌。街道的东侧还有巴黎闻名于世的建于1253年的索邦大学。附近还有始建于1764年的万神殿，这里安睡着伏尔泰、卢梭、雨果等伟人。街道西侧有建于17世纪的卢森堡花园，在此散步可到达辉煌的卢森堡王宫。圣米歇尔大街被认为是一条商业化的街道，但街道作为历史承载者的固有属性并不因此有所改变，它始终动态地凝结着历史，呈现可追寻的历史脉络。

街道对历史的独特记录及所持存的特有街景，时常给我们留下深刻的印象。此后每一天，当忆起这些印象，我们便能从中得到快乐，感到内

历史街景往往在某个瞬间悄然进入我们内心，占据我们记忆深处的某个角落。

心生出一种来自于这一印象的平静而深邃的力量。然而，那些独特的历史街景往往总是在很久以前的某个瞬间悄然不觉地进入我们的内心世界的，它占据记忆深处的某个角落，甚至成为我们一生的记忆。这可能是我们人生的重要时刻。当我们在某次漫步中忽然重遇这一街景或者邂逅类似的景观，记忆深处的印象一下子全被唤醒，顿时我们内心深受震撼，沉浸在对这街景的辨认与思索中。这种辨认与思索的过程其实是我们在进一步认识自己，此时我们才知道，原来这旧日街景一直就潜藏在我们内心深处，它对于我们原来如此重要。

那些给我们独特印象并深刻影响我们人生的历史街景，可以称之为凝固的历史意象。对于街道而言，最有震撼力的历史意象往往并非单个孤立的点，而是在街道的线性空间中多点连续的意象之流，就如同我们在广州六榕路或巴黎圣米歇尔大街上看到的那样。充满历史建筑及遗迹的街道之所以具有魅力，其中重要的原因在于它体现了街道线性空间持续不断的蜿蜒深邃的美。

古旧的街道给我们的感受有时是十分奇妙的。我们第一次来到某条街道，却觉得那样熟悉，那些建筑，那些窗户、那些大门，还有临街的阳台、街角的拱廊，这一切仿佛早已认识。就连街上的氛围也觉亲切，好像我们的生活曾经与它关联。记忆一片朦胧，无论如何找不到因由。是我们很久以前相遇过类似的情景，那些景象真的就悄然潜藏于我们意识深处？抑或我们的思维凭借知识的记忆，就这样先验地创造了这一被模仿的旧街原型？我们只是可以断定，这与历史相关。街道如此神秘。

然而毋庸置疑，街道之所以充满灵动鲜活之气，是因为人的活动。是历史，是曾经有过和至今仍在继续的生活，是我们的记忆与情感，赋予了街道奥秘的生命。街道深沉地说明了我们从哪里如何地走来。如果我们珍视历史，珍视生活，以及珍视我们的记忆与情感，那么，我们理应珍视城市和它的街道。

街道是流变不息的"瞬间"延伸

"大道就像诗一样，巴黎主要就是借由这些大道展现在世人面前的。"大卫·哈维（David Harvey）在《巴黎城记》中这样描述19世纪巴黎的林阴大道，他认为正是街道及其建筑编织了都市生活闪闪发亮的意义之网。街道具有历史属性，但更具有现实生活特性，它始终是面向当下的，并且在当下的绵延中走向未来。毫无疑问，街道是现实的存在，是现实生活的空间；同时，它在时间上与在空间之中是不同的，所有实体在时间之内都是不可逆的和不可重复的序列，街道又是变动不居的存在。

我们与街道一起从历史中走来。我们生活在当下，而街道也与所有在时间当中的实体一样，它只有作为当下的存在才是可能的，且这样对于我们才具有真实性。在这最基本的意义上，街道不是为了历史而存在的，它是为了当下的现实生活和无限的未来而存在的。好的街道永远秉持着对历史或传统的尊重而专注于当下及向未来敞开。街道是线性连接的连续流，那些旧的房屋和结构象征流逝的岁月，那些新的建筑和形式则预示着未来，但它的头等重要性始终在于当下现实的生活意义。显然，我们对街道历史环境的依恋，是因为那里留有我们之所以成为我们、我们今天之所以如此的物质见证与发展轨迹；我们对历史街区的保护，是因为我们总是希望当下的变化与历史进程及未来发展相联系，由此使我们在当下的变化中继续成为"自身"。然而，所有这一切的基本落脚点，都在于印证我们当下生活存在的理由和意义。

而当下的街道是什么呢？它是一个瞬间，准确地说是瞬间的绵延。如同法国哲学家H·柏格森强调发展、变迁和有机统一的纯粹的绵延之义所揭示那样，①街道在时间上同样是一种积聚，一种绵延，以往全部历史

① 见[美]穆撒尔·伊诺克·斯通普夫著，詹姆斯·菲译《西方哲学史》（第七版），中华书局2005年1月北京第1版 P.607~P.608

延伸到现在,在现实中活动,并且渗透到未来,这就是街道的生命脉动。当下的街道极其短暂,它是真实存在的运动流,它在呈现的雾那即已成为历史,我们感受到的实际上是连续不断的街道瞬间的绵延。而这个由瞬间积聚、绵延而成的时间"废止"的幻景,正是我们生命穿越其中的都市空间,在那里有生活于其中的人们的日常生活与现实情感,以及他们怀抱的希望、想象、欲望与痛苦所赋予的意义。我们不可能生活在街道的历史中,我们只能生活在当下的街道,因此让街道围绕现实生活而展开才是合乎逻辑的选择。我们时常希望这种选择与历史的进程具有某种内在联系及连续性,但更重要的是,它同时必须符合当前生活及其变化的需要。

就时间绵延来说,街道的每一刻都是新的,而且难以预测地变化着。街道一个重要特征就是变化。柏格森认为存在就是变化,变化就是成长,而成长就是永无止境地继续创造自我。我认为以这一思想诠释城市和它的街道是十分贴切的。从历史角度看,街道一直在变化着,它伴随时代的发展而相应地演变,经常是缓慢的,但有时是急剧的,甚至是革命性的。不同的理念、模式、标准、尺度、方法不断产生并彼此渗透、相互影响。街道正是在变化中发展演变至今。这也像赫拉克利特所说,人不能两次踏入同一条河流,同样我们也不能两次踏入同一条街道。

即使就一般理解的发展概念而言,变化也是一种常理。绝对的稳定不变是不可能维持的。街道和城市本身一样,"零变化"往往意味着衰退。当然衰退也是一种变化,因此实际上不存在绝对稳定不变的"零变化"的街道。我们需要考虑的或许只是,能否选择某种合适的变化,借此保持街道的空间充足以及较强的历史可辨性,让我们继续拥有对环境的亲近感、适应能力和驾驭能力。与此同时,在普遍的情形下,我们或许可以寻找到街道变化的某种最优速度,但不能阻止变化。如今我们对街道历史环境的敬重与保护,恰好说明了我们对街道变化的肯定。

左页图:存在就是变化,变化就是成长,而成长就是永无止境地创造自我。

承认街道的变化并不意味着接受街道的每一次变化。时常我们对街道不可避免的变化未必都会认同或理解,每一次改变总是伴随着争议。1918年广州市成立市政公所,开始大规模拆除城墙和城门,利用城墙基址修建新型街道,那时除大、小北门及长1200余米的城墙留作保护都督官署外，其余城墙及十多座城门连同相邻的数千间房屋均被拆毁，改建为宽敞的新型街道，并在街道两旁修筑骑楼。越秀路、万福路、泰康路、太平路、丰宁路、德宣路等街道相继出现，近代广州街道建设由此掀起高潮。上世纪20年代伊始，两度出任广州工务局长的程天固（1889—1974）在全力保护广州历史建筑的基础上，进一步推动新型街道建设。这位广州现代城市格局的开拓者在修建太平路（今人民南路）的时候，就遭到一批绅士和西关百姓的反对。据说他们不仅到省和市政府请愿，而且请出有影响力的大绅士出头，还有城中各种势力出面阻拦。但程天固获得政府全力支持，坚信修筑新型街道根本上是造福百姓，而且符合现代城市发展趋势，因而顶住压力。他发出一份力量撼人的告全市人民书，阐明修建太平路的意义，说服了大多数人，动工时又以警力护驾，终于使具有历史意义的广州现代街道建设得以推进。城市的发展总要付出代价，许多时候人们深感无奈但又不得不接受。可以想象广州市民至今还生活在近代城墙之内，在狭窄的砂石街道两旁不规则排列的简陋民居中市声相闻，那是怎样一种情景吗？残垣流水人家，我们或许眷恋这一切，但似乎难以挽留它们。

修筑六二三路遭到的阻力更大，不仅沿线居民反对，居住在沙面的英国人也出面反对。这背后的重要原因涉及到具体商业利益问题。程天固不厌其烦地进行解释，又以新马路地价上涨后的得失比较来说服业主。当然他还使用了强拆的办法。可以说这条街道是在相当强烈的反对声中完成的。但是当六二三路连同其他新型街道及相关工程陆续完成时，人们终于视野一新，城市的新生活就在这种全新街区格局中拉开了帷幕。①

城市及其街道的发展演变时常是一个巨大的悖论。许多我们今天视为理所当然的或价值认同的存在，在此之前却曾经遭到过以价值捍卫的名义进行的理直气壮的反对。法兰西第二帝国到法兰西第三共和国建立的时期被认为是西方历史上最有雄心和难以企及的城市变革时期。1853年奥斯曼（Baron Haussmann）被拿破仑三世任命为塞纳河行政长官。这位在巴黎度过美好童年的精力充沛的奥斯曼男爵以拿破仑三世关于城市"最高理想"的原则，创造性地全面推动巴黎改造计划，从而奠定了我们今天所看到的现代巴黎的基本城市格局。今天许多人一直认为，作为世界历史文化

①参见杨柳主编《羊城后视镜(2)》，花城出版社2008年2月第1版P.14~P.34

名城和时尚之都，巴黎一直就如此也理应如此，她富有历史感，又美丽浪漫。但是奥斯曼构建现代巴黎城市格局的时候，实行剧烈改造，拆毁了2万多座旧房，修建了7.5万多座新楼，可谓大拆大建，因此35万居民不得不搬家。巴黎也从12个区扩展到20个区，可谓急剧扩张，因此更多的人流入城市，工厂和作坊则被搬离城市中心地带。在此过程中，奥斯曼当然受到了来自各方面的批评甚至猛烈抨击。大量的拆建和居民搬迁被指为对穷人的侵害，城市扩建被批评为吃得过多消化不了，更有批评指他没有好好保护历史建筑，许多在大革命和战争时期都得以幸存的历史建筑，却在和平时期被拆得片瓦不存，一些批评甚至越出城市建设的范畴，从政治上抨击他拆毁旧建筑就是拆除革命者的堡垒，是对革命的防范与警示……奥斯曼把反对者的意见全当作耳边风，坚定不移地推进他的城市改建计划。他认为当时的巴黎已经越来越无法居住：卫生条件极差，公共安全不保，城市交通阻塞，社会道德沦丧，居民们在狭窄的脏乱不堪的街道上苟且偷生。他必须彻底改造这座城市，使其实现历史性的现代蜕变。而且他坚信他的这些想法其实在大多数巴黎人的心中酝酿已久。

　　奥斯曼特别注重城市改造的实用性，整体地加强巴黎内城的街道建设。他将自己戏称为"破坏艺术家"，在改造中没有避开市中心反而将改造重点锁定在市中心地区；没有采用在老城区之外开辟新城区以及按原有布局逐步改造的做法，而是直接从原有街区中辟出新路。奥斯曼将第一区的里沃利街延长，连通香榭丽舍大街和巴士底广场以外区域，使右岸的东西交通更为通畅，又修建塞巴斯托普勒大街、斯特拉斯堡大街和圣米歇尔大街。这条南北走向的巴黎中心地带的交通要道，在夏特莱要塞广场与里沃利街交会，构成了著名的"大十字路口"。之后，奥斯曼着手整治以西岱岛为主体的巴黎中心地带，进而将整治扩展至城市的边缘地带。在此过程中，奥斯曼创造了一种可以自筹资金的良性循环方法，政府将没有保留价值的破旧房屋以低价卖给开发商，开发商则将开发出来的新型房屋卖或租给市民作为住房或商业用房，由此使资本积累及进一步的房地产投资成为可能。正是这种良性循环促成了可持续的充满生气的城市改造局面，据称在奥斯曼城市改造的旺盛时期大约有1/5的巴黎从业人员从事建筑行

业，整个巴黎的街道及市容面貌由此更新。奥斯曼重新启用了18世纪后期
颁布的有关建筑高度和街道宽度的规定，只是稍作改动，表现出对传统的
尊重。尤其是他要求建筑师遵循几个世纪以来城市建筑审美的主要特征来
进行建筑设计与建造，古今兼容，精雕细刻，使奥斯曼时代的城市街区景
观在艺术上更为突出。但是在城区规划改造过程中他却是大刀阔斧，毫不
留情，无论什么建筑或设施阻挡新街道的去路或妨碍新的规划都被毫不可
惜地拆除。他要在对过去的创造性的摧毁中告别旧的巴黎。[1]

　　巴黎的剧烈变动其实就是历史。城市旅行家林达相信在某种意义上
正是奥斯曼拯救了巴黎，认为在向现代都市转变的过程中，奥斯曼留给我
们的巴黎不仅是可以接受的，而且是具有历史承袭性的，今日巴黎许多重
要的建筑景观，完全延续了以前的老巴黎的风格。确实，奥斯曼要在废墟
中奠定一个新的巴黎，但这个新的巴黎与过去依然是有机关联不可分割
的，是历史能量的积聚通过某次剧烈的摧毁创造出了新的面貌。那是带着
历史印记的城市和她的街道在废墟上的新生。所有这些都被留给了今天，
并将继续积聚着进入未来。

　　对于巴黎来说，奥斯曼的出现可能是偶然的。如果1852年10月路
易·拿破仑为准备建立帝国巡视全国时没有选择波尔多作为最后一站，又
或者当时任职波尔多的奥斯曼没有"适时地表现出他营造盛大场面以宣扬
帝国荣光"的能力，巴黎的"奥斯曼时代"或许就不会到来。事实上巴黎
的更新计划早在奥斯曼之前就已经开始了。同样，对于广州来说，程天固
的出现恐怕也是偶然的。如果1921年10月刚上任的广州市长孙科没有选中
并且说服程天固担任对城市建设至关重要的工务局长一职，程天固或许将
一直在公用局从事他的电灯、自来水事业，事实上广州现代城市建设在此
之前也已经开始，雄心勃勃的市政公所主管魏邦平（1884~1935）已经将
市内各个古老城门拆除了。城市和它的街道充满了变数。然而，在所有的
偶然或变数的背后，隐藏着一个永恒的必然，那就是变化。城市的街道与
所有实在一样，总是处在变化中，而且变化是须臾不停的。

　　无论是程天固之于广州，或是奥斯曼之于巴黎，他们的经验都在于
说明，那些我们所喜欢的希望它们永远留存不变，或者认为它们从来就该

[1]参见[英]科林·琼斯著，董小川译《巴黎城市史》，华东师范大学出版社2008年12月第1版P.227~P.254

如此的街道，其实本身就是变化甚至是剧烈变化的结果，它们还将无可避免地继续变化下去。城市和街道的存在方式就是变化。当然我们日常所见更多是缓慢演进的甚至察觉不到而接近静态的渐变。然而无论何种方式及速度，变化就像河流一样每时每刻从不停息。街道并不是由静止的事物构成的，包括它的形态、结构、尺度、氛围，乃至某个建筑及某个设施，它是由形成着的事物构成的，它本身也在持续的变动中形成着。街道是流变不息的"瞬间"延伸，是永不停顿的绵延。

而且，在我看来，街道完全是具有生命的存在。在街道，我们随时可以感受城市的脉动，抚摸城市的灵魂，那蜿蜒伸展的空间始终呈现着当下绵延时持续的独一无二的自我。当我们漫步街道，以往全部跃然此刻，但此刻瞬息万变，内在的生命驱动着街道的有机结构向着更加复杂和更高的机体不断演变。街道始终是专注于当下，并朝向未来。

伟大出于平凡——创造广州的伟大街道

　　漫步广州街道，所见大多是平凡的。街中的景物、世俗的生活，普普通通，平平常常，甚至琐碎平庸。老城街道的旧式建筑颇有点近代意蕴之美，但也是寻常世俗的，充满烟火味道，而且已经被近百年的残旧所覆盖，光泽褪去，越发显得平凡。

　　每日清晨阳光从老城街道建筑的空隙洒落下来，沿街房屋的门窗在晨风中渐次打开，店主又在店前堆起满满的商品，露天集市或"天光墟"的地摊摆满各式小杂货，郊农清早运来新鲜蔬菜，还有小花店中的玫瑰花、百合花、康乃馨等。喝早茶及匆匆赶去上班的人穿梭其中，新的一天又在小摊贩的叫卖声中开始。广州街道上很难看到宏大的场面，往往只有细碎的生活。不太宽阔的街道上，两侧建筑之间是日常衣食住行的即兴戏

剧，街角与骑楼周围流溢着寻常生活中的人情。

这是城市历史与地理使然，在海陆之间经历城市轮回的漂泊动荡，绚烂归于平淡，重新回到昭示生活本质的世俗故乡；这与广州人的文化性格也相当对应，平实生活、专注当下、随遇而安，因洞察而豁达，于是随意而淡然。外在的质朴无华，依托的是内在某种传统精致，这是与城市历程高度吻合的城市气质。

许多街道就连名字也平凡大俗，透着俗世气息。沿老城街道左转右拐，可以穿越豆栏直街、杉木栏路、卖麻街、象牙街、走木街、米市路……在驳杂的房屋与错落的树影之间，你完全可以想象以往这些街道上那些平凡庸常的市井生活。

米市路西侧有条光塔路，也是一条不太起眼的显得普通的街道。房屋低矮粗陋，景物有点纷杂，这与周围所见的其他街道没有什么两样。正午的日光投射在屋檐、门窗及山墙上，形成强烈的光影对比，还穿透沿街的绿树斑斑点点地倾泻在街面上。光影之下是每日重复的节奏，缓慢而平淡。倒是街道北侧一段枣红色的围墙有点特别，围墙内高高耸立着一座圆筒形的浅灰色塔状建筑，残旧之中仍显伟杰古朴，这是建于唐代早期的清真寺怀圣塔，俗称光塔。这塔不仅是我国境内最早的清真寺建筑，还是1300多年前一座繁华城市国际化特征的见证。唐代广州贸易蓬勃，吸引了南洋、东洋、西洋几十个国家的数以万计的商人云集而来。当局以今光塔路为中心设置了作为外国人居住区的"番坊"。这些外国人彼此之间及与中国人之间相处得颇融洽。据称这里繁盛时人口达10多万之众。番坊日常事务委任番长主持，番长则由朝廷在番客中选拔，实行自治，当局则通过市舶使联系番长实施管理。为了宗教生活的需要，阿拉伯商人兴建了这座宏伟高洁的清真寺建筑，并以纪念伊斯兰教创始人穆罕默德而取名怀圣。光塔高36.3米，在长条石的塔基上以青砖建造，塔内有两条螺旋梯级可登至圆拱形的塔顶。初唐时穆罕默德的母舅宛葛素乘坐商船到达广州，就住在怀圣寺。他带来30册《可兰经》，在广州传教直至逝世。如今这座千年古塔与整条街道及周遭景物自然融洽浑然一体，它对面有一间专做街坊生意的"金桂餐厅"，还有一座同样专做街坊生意的"超实惠超市"，周围还有许多店面同样窄小的电子器材店、建筑材料门市部，以及体育彩票投注站、房地产中介等。一条普普通通的街道，但它背后的故事却是关于古老的建筑、关于最早的国际化城市社区，以及关于早期宗教的世界性传播。

广州尽是类似这样的平凡街道。早在赵佗时期已经地属城区的越华路，街景也是平淡无奇。午后的阳光映照在幢幢相连的骑楼建筑的外立面上，临街阳台中不时可见簇簇鲜花在明亮的光线下静静绽放。骑楼廊道内开有一些专营服装、鞋类、皮具等的小店铺，还有几家食店。店面多是仿青砖的饰面，一如西关老屋所见，沿街偶尔可以瞥见一些内巷铺着条形麻石的街面，折射着阴影中的幽微的光。漫步这街，你不会有多少特别的印象。然而这条普通的街道，历史上也曾几起波澜：1755年，两广总督杨应琚、盐运使范时纪发起并由在广州的盐商捐资在此地兴建了著名的越华书院；1839年钦差大臣林则徐到广州禁烟驻扎于越华书院，将书院作为扫除烟氛的钦差行辕。他以惊人的才华与魄力在此运筹帷幄往返匆匆，全力推动禁烟；他以断源与收缴双管齐下，最后发起了举世瞩目的虎门销烟。1911年4月27日即农历三月二十九日，革命党人在孙中山、黄兴等策动下，在这里发起著名的"三·二九"起义，揭开了辛亥革命的序幕。起义者以越华路小东营5号为指挥部，黄兴率领选锋队从这里出发，攻打并占领了位于越华路西端的两广总督署，后遭清军多路反扑合围，在城中各处激战一昼夜，终因寡不敌众而失败。黄兴负伤后经天字码头渡船撤至河南。革命党人潘达微在起义失败后冒死将七十二烈士收葬于城北黄花岗。孙中山评价说："是役也，碧血横飞，浩气四塞，草木为之含悲，风云为之变色……直可惊天地，泣鬼神。"民国建立后黄兴书挽联曰："七十二健儿酣战春云湛碧血；四百兆国子愁看秋雨湿黄花。"如今越华路不再激荡，景色宁静而又平凡，看风景的人未必都知道这里的故事。

傍晚的阳光透过远处天际线照进老城深处，投射到狭长的街道上。落霞辉耀着上下九广场四周连片耸立的楼宇，建筑物被抹上一道透明的玫瑰红的幻彩。广场西北角有条华林新街，沿街尽是古色古香的玉器店铺，弥漫着商业气息。稍一浏览，你会感到这里似觉精致却依然寻常，是那种

到处可见的商业街道，一个普通的可以买点纪念品或者做点批发生意的市场。然而正是这片普通街区，1400多年前印度高僧菩提达摩在此登陆。这位释迦牟尼佛的第28代传人于公元527年从南天竺航海到达广州，在登岸处搭建草庵居住，不久转到北方传播禅学，始创中国佛教禅宗。达摩的禅学主张"不立文字，直指人心，见性成佛"，所谓见性成佛，范文澜说意思是"觉悟到自心本来清净，原无烦恼，无漏智性，本自具足，此心即佛"。达摩要人们心灵安静得像墙壁那样坚定不移地禅定修行，以达到"身心轻安、观照明净"的状态。由于适合中国人的生存与思维方式，特别是适合中国文学艺术、士大夫的审美口味，到惠能之后禅宗已经比较彻底地变成了中国化、世俗化的佛教，成了中国民众心目中的自己的宗教，很难想象这一文化的重要开端，竟然就在这片窄小的"西来初地"。当年达摩登岸时所搭建的草庵，如今演变成了广州五大丛林之一的华林寺。这座城市就是这样，时常把最重要的东西淹没于最普通最平常的东西之中，使你置身其中而不觉。当想到一个天竺使者和一个东方都市在久远年代邂逅的渊源，以及它的历史痕迹跨越漫长岁月至今不曾磨灭的存在，不由人内心充满了惊异。这是从另一个角度即更为久远的历史文化角度对广州街道的诠释。

　　几乎所有广州街道都是平凡而不太起眼的，但同时又有很多广州街道虽则平凡却颇不简单。普通至极的在今日城市格局中并不那么突出的小北路与仓边路一线，是2100多年前任嚣率领的秦帝国大军最早的落脚点，是严格意义上的广州城建的历史原点，其对城市的意义非同一般；平凡得有点琐碎纷杂、沿街布满五金电器店铺的惠福西路，相传是古时五仙羊降临之地，建于南宋的五仙观和建于明代的"岭南第一楼"，至今深藏于此；节奏缓慢单调平庸没有多少像样建筑的文德路，有明初岭南诗派之"南园五先生"聚会唱和的抗风轩，以及清末康有为进行讲学并构建他的维新变法理论体系的万木草堂。还有，十三行大街曾经印下19世纪初广州的世界首富伍秉鉴行商的深深足印，以及远渡重洋揭开新一轮西学东渐序幕的英国传教士马礼逊的匆匆行迹；纺织路上依然矗立着孙中山大元帅府的旧址，保存着这位革命先行者在此领导中国民主革命的史迹；高第街不仅留有鲁迅与夫人许广平在广州的生活印记，街中名人辈出的许地更是中国近代社会变迁的见证；恩宁路上有中国铁路之父詹天佑简朴的故居；惠爱路上有共产党人张太雷广州起义浴血街头的记忆……

广州的街道至今依然是平凡而不太起眼的，尽管这些街道似乎多么有来历和藏着多么不简单的故事。街道一如既往地平静生活，照旧弥漫着日常世俗气息。广州的街道就是这样，平凡的外在之物蕴涵着不平凡的内在精神气质。不，它依然是平凡的，这些内在精神气质也是平凡的。街道将历史上的一切波澜起伏视之为生活的一个理当如此的平常部分，深深铭记而又淡然置之，而最普通也最真实的日常生活始终在进行，永不停顿。我们可以将那些不平凡的故事与特质看成是平凡的街道的一个组成部分，将那些历史精神看成是街道之所以平凡的基础。而在平凡当中也就有可能达到我们称之为优秀的街道。

当然，街道仅仅具有历史意义和某种重要气质仍不足以成就其伟大，伟大的街道还必须符合和具备本书第一篇在综合几位城市理论家观点基础上所阐述的标准与条件。而就广州街道而言，在围绕街道的种种努力中，首先就是确立符合街道本质的可以产生伟大街道的观念，即优秀乃至伟大的街道是生活的街道。这是街道建设的具有决定性意义的认知。这一观念还包括：广州街道必须尽最大努力为最广大的普通市民提供适于日常生活且不断优化的空间；中心城区街道必须以向步行者提供最大的便利为目的，非机动车次之，机动车最次；街道的管理是以方便人即市民和游客为目的的，而不是以方便"管理"为目的。所有为方便管理的"管理"必须服从于市民及游客的需要。最后，广州的街道既是物质的空间也应该是精神的空间，它应该在历史的、文化的、艺术的所有方面给人们带来愉悦，成为人们的精神家园。

伟大出于平凡。如果说城市存在优秀乃至伟大的街道，那它首先应该是生活的平凡的街道。在现实中我们已经知道，西班牙巴塞罗那的兰布拉斯大街终日人声鼎沸，在咖啡座、鲜花屋和小摊贩、小酒铺之间穿插着街头演出，被认为热闹好玩；意大利罗马古老的朱伯纳里大街，其名称意为"夹克和紧身上衣制作商之街"，一听就感到旧时世俗生活气息扑面而

左页图：柏林街头：厚重的建筑与轻松的生活。

来；即使是以展示国家形象和某种高贵精神为主要功能的法国巴黎香榭丽舍大街也是充满了生活味，沿街布满知名餐厅、咖啡馆和商店，浓浓树阴下到处是熙攘的人群。广州的街道一如广州人的性格，是平实的、生活的以及随意而淡然的，概而言之是适于平凡生活的。我们必须自觉意识并且珍视广州街道这种优秀的气质。在本质意义上，伟大的当是平凡的，街道因平凡而伟大。这样的广州街道如所有伟大的街道一样秉持着历史的精神而真诚地生活，它不会背负历史的压力而失去生活的真实。从这里出发，我们可以进一步认为，广州具有产生优秀乃至伟大的街道的充分可能，这座城市完全可以在历史与现实的基础上，创造出优秀乃至伟大的街道。

让我们期待……

2010年对于广州街道是具有重要历史意义的。经济急速发展所引发的环境问题曾经严重困扰这座城市。在20世纪80年代中期之后的日子里，广州的环境变得越来越难以居住，江河深受污染，交通严重堵塞，城市欠缺科学规划与艺术品位，这种情况直接导致了城市的街道脏乱破旧残缺不整。人们呼唤一座宜居的城市，因此在10年前广州提出要实现"一年一小变，三年一中变，2010年一大变"。而在2010年这座城市所承办的第16届亚洲运动会到来之际，这个历史性的城市大变如期而至。其中被俗称为"穿衣戴帽"的人居环境整治工程令街道面貌为之一新，广州街道呈现出前所未见的曼妙图景。

荔湾老城的上下九路和第十甫路在盛夏八月终于卸下了整饰的棚架与绿衣，浅灰色的骑楼柱廊、色彩变幻的满洲窗以及具有精致细部的阳台、山花和女儿墙，顿时呈现眼前。全长1200多米原已残旧蒙尘的整条街道，被重新清洗及粉刷着色，不仅显得亮丽，更还原了具有中西合璧风格和岭南特色的近代西关街道风情。许多建筑物的细部按原样精雕细琢，不仅从整体上使这条广州迄今保留得最长及最完整的骑楼街在很大程度上呈现本来面目，还充分表现出建筑之美。这条街道还要将全路段原有的沥青路全部揭起换成与步行街路段一样的麻石路，方便人们步行，并使街道更显精致。

珠江南岸滨江路的整治工程全长7.9公里，共整饰改造建筑物100栋，总面积37万平方米。工程以"简化的欧式风格"为设计理念，在沿街建筑加建造型雅致的坡形屋顶，建筑物的外立面采用黄色瓷砖配白色装饰线，又在屋顶加装泛光灯配合珠江光亮工程。人行道采用红色渗水防滑砖。从

珠江北岸眺望滨江路一线，只见橙红色的坡形屋顶沿街伸展，勾勒出绵长而又错落有致的街道天际轮廓线，而背后则是林立的高层建筑，整个江景壮阔而又具有层次感。

横贯大越秀区的东西向干线东风路在整饰之后，沿线街景呈现纯净淡雅、简约大气的现代神韵，环境自然、优美，已显露出现代服务圈带和行政商务走廊的雏形。沿街新装的一排排中华灯，意在强化街道的荣耀感，房子披红戴绿变成一道美丽风景线，据报道，这条街道的整饰工程涉及沿线190栋建筑，总整改立面面积近26万平方米。

东部新城市中轴线在珠江新城的核心线段，更是勾画了一个新广州的美丽蓝图，成为这一新崛起的中心城区及街道网络的聚焦地段。这里由北至南的市民广场、中央广场、双塔广场、文化艺术广场等贯串于新城中部，花团锦簇，绿意盎然，使轴线两侧的整个新城的街区结构更优化，街道条理更清晰。在这条"绿色之轴"两侧的珠江大道东、珠江大道西、华夏路、冼村路、金穗路、花城大道、临江大道等网格状新型街道之间，矗立着各具风格的广州歌剧院、省博物馆、广州图书馆、广州第二少年宫、西塔(广州国际金融中心)等标志性建筑，与珠江南岸世界最高的钢结构塔——新电视塔交相辉映。特别是在天河路与新中轴线交会处拆除原宏城广场基础上改造而成的大型市民休闲广场，为街区增加了数万平米的林阴绿地，街道在新中轴线经过的区段，视线通透而且富有层次感，街景大为改观。

这些都只是街道蝶变的一个缩影。广州中心城区的人居环境整治工程整修了359条街道，长度共450多公里，面积达220多万平方米。工程对区内主要街道及市政道路进行立面整饰、街道升级、绿化和光亮等的"四位一体"整治，共整饰建筑23700多栋，总面积近2030万平方米；建设和改造绿地750多块，面积达220多万平方米。还完成大量拆迁、新型沥青路面铺装、人行道铺装、自行车道及中央绿化隔离带建设等。其中仅市建委负责升级改造的26条主要街道就达到166公里长，投资达26亿元。对老城区实施环境整治范围共237.95平方公里，惠及居民357.92万人。整个人居环境综合整治工程，计有近920个项目，[①]由于各区街积极介入，实际涉

① 参见2010年9月17日《南方日报》"广州新闻"AⅡ01版

及的数量及范围可能远超于此。无论从数量及范围或是从为此所投入的巨额资金来看，这都是广州历史上最具规模的街道整饰工程。

我们可以对这个俗称"穿衣戴帽"的广州人居环境整治工程提出许多批评，包括有些工地施工扰民，有些工程质量粗劣，有些整饰缺乏艺术品位，有些项目管理混乱，甚至有人尖锐批评此乃面子工程，是对历史环境的破坏等等。2009年中期整个工程进行的初时，尽管这些指责可能有些偏颇或夸大，不过在某种程度上说，大部分的批评仍然是颇有道理的。但即使如此，这个工程依然必须进行。这还不仅仅是因为亚运会，主要是因为所有那些正确的批评所针对的问题都不是不可以改进或克服的，而这个为了使城市变得更适宜居住的环境整饰工程却不能错过它得以推进的"十年一大变"的历史良机，这个大变所依据的是关于市民的生活、关于城市的现代性转换、关于国家中心城市的建设。包括"穿衣戴帽"在内的整个人居环境整饰工程，与其说是为了亚运会，不如说是既为了亚运会，同时也是亚运会为城市现代嬗变所必须进行的这项整饰提供了一个绝好的契机。如果没有承办亚运会所形成的足够压力，以这座城市的历史惯性，很难实现这种改变。无论如何，整个人居环境整饰工程令广州街道焕然一新，大放光彩，呈现了数十年所见最为亮丽的景致，重现了这些街道被尘封遮蔽得过于长久的本来面貌和内在魅力。随着此项工程各个项目的陆续结束，许多街道令人眼前一亮，人们原先的许多看法也随之改变。我们不妨来看看一德路：整饰后的这条明清时期俗称"三栏"（即果栏、菜栏、鱼栏）的街道不仅保留了原有街市风情，由于采用建筑原生年代的设计元素进行处理，因此还在相当程度上恢复了骑楼建筑的原生态，沿街建筑的外立面能够鲜明体现其原来的面貌。那些融会着传统与西式风格的近代建筑外立面，特别是以石材装饰的骑楼柱廊，在阳光下呈现出富于变化的强烈的光影效果。除建筑及其立面外，此次整饰还包括拆除违章建筑、招牌整治、管线下地、光亮工程、路面大修等，在整体上达到了提升街道环境品位的效果。

街道环境整饰使不少市民发现，原来我们城市的街道曾经是而且可以是如此曼妙靓丽、如此具有历史与艺术意蕴、如此引发我们灵魂深处关

戴沙面。
衣在
"穿
帽"

"穿衣戴帽"在中山路。

于精神价值的内在呼应。更重要的是，它使城市特别是老城区的街道居住与生活环境大为改观，并且在更高的层次上提高或改善了这些街道的生活品质，同时也为老城区街道迈向与国家中心城市地位相称的新型街区，乃至推动整个老城区的现代转型奠定了基础。

然而，与此同时，环境整饰工程也以一种谁也不可回避的方式促使人们（包括各级官员、管理部门、城市建设者以及居民们）在同一时间里前所未有地、从未如此具体逼近地直面广州的街道，这就让人看到了我们曾经有意或无意地忽略的广州街道的几乎全部真实，进而也就看到了城市现代转型的艰巨性，看到了广州街道建设的艰巨性。理想中的优秀乃至伟大的街道的产生需要付出更大的努力。如果不是这一整饰工程，许多人未必会如此关注城市的街道，也不会发现原来许多广州街道杂乱破败的程度如此惊人，以至有不少街段无论如何打扮也难掩衰颓的窘态。看一看解放南路东侧沿线即可了然，那是一片杂乱、残缺、琐碎的街段，再怎么整饰也难以让人产生现代城市主干线的街道美感，更难以与街道对面一侧的万菱广场等连续排列的沿街建筑相协调，从而形成完整清晰的街道视觉。再看看中山路，沿街建筑参差不齐，大量低矮而不规则的房屋难以构成完整的闭合感，街道的边界模糊不清；沿街两侧建筑应有的连续界面时常被打破，出现许多缺口，街道在空间上残缺不整……这些街道景况提醒人们，就整体而言，真正优秀乃至伟大的街道距离我们还相当遥远。

而且广州大片的老街区还处于近代状态，如僻远的乡镇般迟滞清冷，仍未经历一次早应到来的现代蜕变。这绝不是我们所欣赏的如我们在欧洲许多城市所看到的那种在传统格局中足以承载与时俱进的现代生活、古老但却可持续生活的街道。我们城市的街道不是这样，大片破旧街区的保留是以生活于其中的市民依然忍受脏乱环境与落后设施为代价，以他们的痛苦满足部分人某种另类怀旧情结，而这些大片的脏乱环境在生活情感和建筑审美上，其实几无价值可言。扮演某个环境保护主义者是最容易的，在社会舆论上也最保险和最时髦，可以哗众取宠显得热爱历史并深思熟虑。那些希望老城区的横街窄巷原封不动地成片成片地予以保留的伪环境保护主义者们大多不是居住在这些环境中，他们对这里居民生活逼仄残

珠江新城街
景（摄影/徐
晖）

破呕待改变的环境熟视无睹，更没有感同身受。如果我们真诚地希望广州就像中欧捷克的布拉格或者南欧意大利的许多城市那样，很好地保留着传统的城市格局从而保留着我们城市的历史记忆与情感，使我们知道我们以及我们的城市是谁，从哪里来又将到哪里去，那么我们首先要将我们的城市整饰得像这些城市那样适宜居住并且可持续生活，整洁、精致，具有适宜的物质环境，同时又是精神的容器。

俗称的"穿衣戴帽"已经挖掘并呈现了广州街道在现有城市格局下所能达到的最好状态，但这个多少有些令人兴奋的街道状态，与优秀仍然是有相当距离的。城市的街道首先必须是其所是，必须在本质上及许多标准方面成为一条街道，然后才能在这个基础上达到优秀。今日广州街道始终不乏作为单个的"亮丽"的点，而缺乏作为一条符合理想标准的街道的连续不断的整体辉煌；始终不乏如乡村小镇般单调清冷的小街景，却缺乏具有都市文化视觉震撼力和精神的内在穿透力的深远景观。

广州是一座需要我们很有耐性地期待的城市。我们看到太多残破衰败而长久得不到改善的街道。而且街道上的许多建筑还不厌其烦地刺激我们的耐性。由两座塔楼及巨大的空中连廊组成的中诚广场，它的主体框架早在1992年就已矗立于天河区体育西路北端，但这座51层高的城市新地标却经历18年之后才于2010年最后完成，落成时建筑也已易名为中石化大厦。1997年动工的同为51层高的环市东路合银广场和1995年动工的43层高的长堤御江苑大厦也都经历了超过10年的"烂尾"，最后借着亚运会前的协调才得以续建，于2010年姗姗来迟。市民们似乎已经习惯了等待。深藏地下2000多年的南越国宫署遗址是1992年的重大考古发现，但拟建中的南越国宫署博物馆经历了18年之后至今仍未能与市民正式见面。如果从1975年挖掘秦汉造船工场遗址时揭出一段宫署走道算起，时间更长达30多年。西安秦始皇兵马俑遗址从1974年发现，到1979年以一号坑遗址保护大厅为主体的秦始皇兵马俑博物馆建成并正式开放，仅仅用了5年时间。之后进行的扩建工程，从三号坑及二号坑遗址展厅先后建成开放，到1999年秦始皇帝陵文物陈列厅落成，这个大型遗址博物馆的基础建设并趋于完善也只用了15年。南越国宫署博物馆的迟滞想必一定有我们应予理解的原因。正因如此，我们尤其需要耐性。19世纪末和20世纪初的市民或城市漫游者已经感受过一次城市和它的街道的蝶变。今日我们的城市和它的街道如出一辙。许多街道令我们沮丧，又有很多街道让我们重燃希望。漫步于曾经全国知名的高第街、穿越狭窄、阴暗、残破的许地及玉带濠，可以到达昔日的维新路或今日的北京路。从这里前往老西关的上下九及第十甫路或天河区的天河路还有一段路程，离新中轴线两侧的壮阔街道则相当远。如果在所有这些街道上最终能够看到新一轮嬗变及所呈现的令人震撼的日常生活之美和历史与艺术之美，想必这定是伴随着思辨与冲突的充满痛苦与欢乐、意义及趣味的复杂过程。

美好的伟大的街道是漫长，就让我们期待……

①据杨万秀、钟卓安主编《广州简史》载："……1975年在试掘广州中山四路市文化局大院内的秦汉造船工场遗址中，发现造船台上面覆压着南越王国建筑遗址，揭出了一段长20余米的宫署走道。"（见《广州简史》，广东人民出版社1996年3月第1版P.35~P.36）

猎德大桥